序伦
财经文库

二十国集团宏观经济政策的国际协调研究

崔琪涌 ◎ 著

中国财经出版传媒集团

经济科学出版社

Economic Science Press

图书在版编目（CIP）数据

二十国集团宏观经济政策的国际协调研究/崔琪涌著 .
—北京：经济科学出版社，2020.5
（序伦财经文库）
ISBN 978 - 7 - 5218 - 1464 - 4

Ⅰ.①二…　Ⅱ.①崔…　Ⅲ.①二十国委员会 - 宏观
经济 - 经济政策 - 研究　Ⅳ.①F110

中国版本图书馆 CIP 数据核字（2020）第 059046 号

责任编辑：刘　丽
责任校对：王苗苗
责任印制：邱　天

二十国集团宏观经济政策的国际协调研究
崔琪涌　著
经济科学出版社出版、发行　新华书店经销
社址：北京市海淀区阜成路甲 28 号　邮编：100142
总编部电话：010 - 88191217　发行部电话：010 - 88191522
网址：www. esp. com. cn
电子邮箱：esp@ esp. com. cn
天猫网店：经济科学出版社旗舰店
网址：http：//jjkxcbs. tmall. com
固安华明印业有限公司印装
710 × 1000　16 开　11 印张　160000 字
2020 年 5 月第 1 版　2020 年 5 月第 1 次印刷
ISBN 978 - 7 - 5218 - 1464 - 4　定价：68.00 元
（图书出现印装问题，本社负责调换。电话：010 - 88191510）
（版权所有　侵权必究　打击盗版　举报热线：010 - 88191661
QQ：2242791300　营销中心电话：010 - 88191537
电子邮箱：dbts@ esp. com. cn）

前言

    随着经济全球化的发展和国家之间经济联系的逐渐加强，世界主要经济体充分意识到宏观经济政策的国际协调的重要性。二十国集团作为布雷顿森林体系下的非正式国际机制，最早发起于亚洲金融风暴，又因 2008 年全球金融危机升级为领导人峰会。宏观经济政策的国际协调虽然是历届二十国集团领导人峰会的重要议题之一，但是二十国集团成员方之间的宏观经济政策协调的效果经常被质疑。特别是在后金融危机时期，世界主要经济体的增长出现了经济周期不同步的现象，这无疑会给宏观经济政策的国际协调带来更大的困难。

    本书在对二十国集团成员方经济周期的同步性进行了定性分析和定量测度的基础上，通过梳理国际机制理论得出宏观经济政策协调的基本理论假设，并且借助卢卡斯提出的效用函数比较经济政策对国家福利提高的成本的大小，实证研究二十国集团宏观经济政策的协调效果，提出在二十国集团框架下如何提高政策协调效果的具体建议和对策。

    本书在宏观经济政策国际协调的话题下为国家之间特别是大国与小国、发达国家与发展中国家、领导国与跟随国的经济利益纷争提供一种解决方案。宏观经济政策的国际协调有利于为世界主要经济体利用二十国集团机制共同应对如金融危机之类的全球性经济挑战提供有效的解决方案，同时也为中国经济在新常态时期的平稳过渡和全球经济治理的话语权的提升提供政策建议。

　　本书遵循"提出问题—分析问题—解决问题"的基本思路。全书一共分为7章。第1章为绪论部分，主要介绍本书要研究的问题、意义、相关概念的界定、文献综述、研究思路、研究方法和创新之处；第2章从历史和现实两个时间维度梳理了宏观经济政策的国际协调实践和二十国集团宏观经济政策国际协调的运作特征；第3章从国际关系理论出发，重点梳理国际机制理论，进而提出二十国集团宏观经济政策协调的理论假设，并且通过改进卢卡斯效用函数建立衡量宏观经济政策协调效果的数理模型；第4章定量测度二十国集团成立以来的成员方的经济周期的同步性，并且实证研究不同情况下二十国集团宏观经济政策的国际协调效果；第5章对考虑经济周期非同步性的二十国集团宏观经济政策的协调过程进行案例比较分析；第6章基于前几章的分析结果提出二十国集团提高宏观经济政策国际协调效果的对策建议；第7章总结全书，并且提出在共建"一带一路"背景下中国应该主导宏观经济政策国际协调的建议。

　　通过科学的论证和分析发现，经济周期的同步性与宏观经济政策的国际协调效果密切相关；二十国集团成员方在面对金融危机之类的全球性经济挑战时能够实现较好的宏观经济政策协调效果，但是在经济复苏不同步的情况下政策的协调效果较差；仍然保持相对较高增长速度的中国应该通过参与协调机制设计、提升议程设置能力成为二十国集团宏观经济政策协调机制化建设的关键。"一带一路"倡议的提出将使中国在宏观经济政策的国际协调中的角色发生根本性转变，即由一个参与国转变为一个主导国。同时，加强与"一带一路"沿线国家的宏观经济政策协调也将有利于推进"一带一路"建设的高质量与可持续发展。

目 录

第1章 绪 论

1.1 问题的提出

在经济全球化的背景下，国家之间的经贸联系越来越紧密。经济全球化在给各国的发展带来大量经济福利的同时，在金融危机发生时也使得更多的国家陷入了经济衰退的连锁反应之中。如何尽快从危机中走出成为各国亟待解决的课题。二十国集团（G20）等国际组织包括现今世界上主要的发达国家和发展中国家，并且这些组织为这些世界上主要经济体寻求宏观经济政策协调的基本框架和最优途径。宏观经济政策的国际协调是指在各个国家或国际组织之间，以发达国家或国际经济组织为主体，就贸易政策、汇率政策、货币政策和财政政策等宏观经济政策进行磋商和协调，适当调整现行的经济政策或联合采取干预的政策行动，以缓解政策溢出效应和外部经济冲击对各国经济产生的不利影响，实现或维持世界经济均衡，促进各国经济稳定增长。G20 把宏观经济政策的国际协调作为其首要议题，这充分体现了 G20 是研究宏观经济政策的国际协调这一课题非常具有代表性的案例。

习近平主席在 2019 年 4 月 26 日召开的第二届"一带一路"国际合作高峰论坛开幕式的主旨演讲中宣布，中国将采取一系列重大改革开放举措，加强制度性、结构性安排，促进更高水平对外开放。其中就提到要更加有效实施国际宏观经济政策协调。习近平主席指出："中国将加强同世界各主要经济体的宏观政策协调，努力创造正面外溢效应，共同促进世界经济强劲、可持续、平衡、包容增长。"虽然经济全球化和区域经济一体化的发展使世界各国之间的经济联系日益紧密，使国家间的相互依赖性不断加强。但是受开放经济条件下宏观政策的溢出效应和外部经济冲击的影响，各国在制定宏观经济政策时往往会优先考虑实现国内经济目标而忽视对他国的影响，进而产生以邻为壑的不利后果，长此以往必定会影响全球经济发展。因此，各国开始逐渐意识到加强宏观经济政策国际协调的重要性。"一带一路"倡议同样需要协调一致的财政、货币、贸易和发展政策，共建"一带一路"将会为许多国家实施更有效的宏观经济政策和发展战略提供巨大的机遇。

1.2 研究意义

1.2.1 理论意义

一方面，国际宏观经济政策协调是学术界的一大热点话题。虽然像 2008 年全球性金融危机这样的重大外部冲击已经过去很久了，但是现如今世界上仍然有很多我们不得不面对的单边主义和贸易保护主义等不稳定因素和挑战。世界各国在面对这些困难和挑战的时候，从各国自身的利益出发制定相应的宏观经济政策是无可厚非的，但是政策的溢出效应也更加凸显。因此，宏观经济政策协调的必要性、合法性和有效性便成为该领域研究的争议所在。另一方面，本书将国际宏观经济政策协调与中国提出的共建"一带一路"倡议相结合，在充分分析现有的宏观经济政策协调机制如中美之间、欧洲联盟（欧盟）、七国集团（G7）、金砖国家和二十国集团的协调基础、路径和效果的基础上，研究宏观经济政策协调与共建"一带一路"倡议的相互作用。

1.2.2　现实意义

从现实意义层面来看，研究宏观经济政策的国际协调有着较强的时代意义。中国提出的作为全球治理解决方案的"一带一路"倡议与目前日益复杂的全球政治与经济形势密不可分。宏观经济政策协调为解决在经济全球化背景下国家之间特别是大国与小国、发达国家与发展中国家、领导国与崛起国的利益纷争提供了一种可能性。在"一带一路"倡议框架下，宏观政策协调不仅为倡议的顺利实施、高质量实现"一带一路"沿线国家间的设施联通、资金融通和贸易畅通提供了基本保障，也将助力实现"一带一路"倡议的机制化发展。特别是随着我国综合国力的日益强大，这一问题的研究有利于通过扩大中国在宏观经济政策协调机制中的作用，进一步提升我国在国际舞台上的话语权和影响力，特别是在全球经济事务上的领导力。

1.3　相关概念界定

1.3.1　经济周期与同步性

1. 经济周期

经济周期通常是指经济中的波动。经济的波动与经济发展状况的变动是相对应的。回顾人类发展的历史，全球经济总量从长期来看呈现出增长的趋势，但是仔细观察经济发展的不同阶段，从短期来看，经济总量的变动并不是不间断地一直增长的。特别是在近一个世纪的时间范围内，全球经济遭受了各种危机，如第一次世界大战、1929—1933 年经济大萧条、第二次世界大战、石油危机、亚洲金融风暴和 2008 年由美国次贷危机引发的全球性金融危机等。全球经济发展在不断地经历着由衰退到萧条、由萧条到复苏、由复苏到繁荣、再由繁荣到衰退的周期性变化。关于经济周期的波动有三个真实存在的不争的事实：第一，经济波动是无规律的而且也是不可预测的；第二，通常情况下大多数宏观经济变量会随着经济周期的波动而变动，如在经济繁荣时，经济体的总产出和物价水平会相对较高，但是经济中的失业率会相对处于较低的水平；第三，自 20 世纪 80 年代以来，随着经济全球化与区域经济一体化进程加快以及国家之间的经贸联系越来越频繁，一国内部的经济波动通常会通过各种渠道传导至其他国家，国与国之间的经济周期呈现出同步波动的特征。但是在后金融危机时期，发达经济体和新兴市场经济体的复苏周期呈现出非同步性的特征，现有宏观经济政策国际协调的机制和路径面临着新的挑战，世界主要经济体之间宏观经济政策的合作和协调再次成为政策界与学术界共同关心的重要议题。

2. 经济周期相关理论

学术界对于经济周期理论的研究主要体现在经济周期形成的原因、经济周期波动的传导机制、经济周期同步性的测度与影响因素三个方面。首先，在经济周期的形成原因方面，主要有凯恩斯主义和非凯恩斯主义两种学说。在凯恩斯主义的经济学家看来，只有把乘数和加速数结合起来，才能说明经济的周期波动，以及政府投资的巨大作用和财政政策的重大意义。在社会经济生活中，投资、收入和消费相互影响、相互调节，通过加速数，上升的收入和消费会引致新的投资；通过乘数，投资又使收入进一步增长。假定政府支出为一固定的量，则靠经济本身的力量自行调节，就会自发形成经济周期，经济周期中的阶段正是乘数与加速数交互作用而形成的；投资影响收入和消费，反过来，收入和消费又会影响投资。两种作用相互影响，形成累积性的经济扩张或萎缩的局面，就形成了凯恩斯主义者对经济波动的解释①。然而，非凯恩斯主义的经济学家分别用消费不足论、投资过度理论、货币信用过度论、创新理论、心理理论、太阳黑子论和政治周期理论来解释经济周期的形成。消费不足理论认为衰退的原因在于收入中用于储蓄的部分过多，用于消费的部分不足；投资过度理论认为衰退的原因不是投资太少，而是投资过多；货币信用过度论把经济周期看作一种货币现象，认为经济周期波动是银行货币和信用波动的结果；创新理论认为创新是经济周期波动的主要原因。心理理论认为经济周期波动的原因在于公众心理反应的周期变化；太阳黑子论认为太阳黑子周期性地造成恶劣的气候，使农业收成不好，影响了工商业，从而使整个经济周期性地出现衰退；政治周期理论认为，政府交替实施扩张性政策和紧缩性政策，造成了扩张和衰退的交替出现②。

其次，宏观经济运行出现周期性波动，是世界各国经济发展过程中普遍存在的客观规律。在实践中人们经常发现一些国家之间的经济运行在时间和幅度上呈现出大致相同的波动规律。许多学者认为，一国的经济运行经常受到其他国家经济波动的影响，即将一国的经济波动传导至其他国家，正因为这样的传导，国家间经济周期才出现了同步波动的现象。因此，一些学者对经济波动的内在传导机制展开了研究，以揭示经济波动是如何在国家之间进行传导的。有关经济波动传导机制的研究由来已久。最初的研究可以追溯到金德伯格（Kindleberger，1962）、麦金龙（McKinnon，1963）和梅尔泽（Meltzer，1976）的论文。此后，多恩布什（Dornbusch，1980）用"反馈模型"来解释经济周期在国际上的传导。格拉奇

---

① 高鸿业 . 西方经济学下册：宏观部分［M］. 北京：中国经济出版社，1996：507.
② 高鸿业 . 西方经济学下册：宏观部分［M］. 北京：中国经济出版社，1996：741-742.

(Gerlach, 1988) 的研究发现, 各国的产出在经济周期频带上是有一定联系的, 当国家间的经济变量的相关性较强, 且在时间上的同步性较高时, 一些外部冲击形成的经济波动就会在国家间传导, 较强的经济周期同步波动现象就会在这些国家出现。希尔曼和克尔科 (Sherman & Kolk, 1996) 认为经济波动在各国之间传导的程度会随着贸易、投资与金融一体化程度的提高而提高, 经济波动在国家间的传导主要经由国际贸易、国际资本流动、国际金融体系等渠道完成, 其中国际贸易是经济波动传导最重要的渠道。弗兰科和罗斯 (Frankel & Rose, 1998) 认为, 当经济冲击由特定产业引起时, 如果产业间贸易是两国的主要贸易形式, 那么两国的贸易发展会促进两国间产业的专业化分工, 故来自特定产业的冲击很可能会弱化两国经济波动的同步程度; 反之, 如果产业内贸易是两国占主导地位的贸易形式, 当两国贸易一体化程度加深时, 特定产业的冲击则会使两国的经济周期同步程度加强。宋玉华和吴聃 (2006) 将经由经济纽带传导所形成的经济同步波动的机制归纳为"外部冲击—部门传导—国际传导"。

最后, 使用准确的方法对经济周期和国家间的经济波动进行测度是得出经济周期同步性与否的前提。在经济周期同步性的测度方面, 主要的方法包括相关系数法、均方根误差法、C–M 同步化指数法及共同趋势与共同周期理论、经济景气指数法、B–B 算法和动态因子模型等方法。每一种方法有其适用的具体条件和测度的优越性, 因此在选择方法时要注重比较方法的适用性和可行性。本书在第 4 章将会针对主要国家特别是 G20 集团内部的主要成员方之间的经济周期的同步性进行测度, 得出国家之间存在经济周期非同步性的结论。另外, 在研究哪些因素会影响国家间经济周期趋于同步时, 之前的研究结果表明, 贸易和金融一体化、产业结构相似度、地理距离、国家的经济和制度特征、是否属于同一贸易协定或货币联盟, 以及国家之间政策协调的紧密性等因素都会在一定程度上影响国家之间的经济周期的同步性。

1.3.2　宏观经济政策的国际协调

1. 宏观经济政策

宏观经济政策通常是指货币政策和财政政策，也被称为需求侧政策，因为货币政策和财政政策主要是通过中央政府或者中央银行进行相关操作来影响社会总需求的变动，进而实现经济持续增长、物价稳定、充分就业和保持国际收支平衡的经济政策目标。财政政策是国家干预经济的主要政策之一。国家政府通过改变政府支出、税收和借债水平等方式达到提高就业水平、减轻经济波动、防止通货膨胀、实现稳定增长的目的。货币政策是指中央银行通过控制货币供应量来调节利率进而影响投资和整个经济，以达到一定经济目标的行为。货币政策和财政政策一样，都是用来调节国民收入，从而达到稳定物价和充分就业的目标，并且都存在宽松与扩张两种形式。但是二者也有不同之处，财政政策直接影响总需求的规模，而货币政策需要通过利率或者货币市场作为传导机制进而影响总需求，其作用相对间接。

2. 国际协调

国际协调，特别是宏观经济政策的国际协调是近些年来在国际经济和国际政治学界逐渐形成的重要理论。顾名思义，宏观经济政策的国际协调，也称经济政策协调，是指在各个国家或国际组织之间，以发达国家或国际经济组织为主体，在承认世界经济相互依存的现实前提下，就贸易政策、汇率政策、货币政策和财政政策等宏观经济政策进行磋商和协调，适当调整现行的经济政策或联合采取干预的政策行动，以缓解政策溢出效应和外部经济冲击对各国经济的不利影响，实现或维持世界经济均衡，促进各国经济稳定增长①。国际经济协调的基础是各国经济的相互依赖和国际经济传递机制。随着经济全球化和区域经济一体化的发展,宏观经济政策国际协调的概念越加重要。国际经济一体化范围和深度的快速发展,使得国际经济中国家宏观经济政策中的跨国溢出问题和集体行动问题变得日益紧迫和重要;同时,欧洲区域经济一体化及欧洲货币联盟的建立,也要求主权国家在超国家的货币一体化组织架构下,通过宏观经济政策协调达到联盟内部最优的政策配置②。国际协调既可能是一种双边行为,也可能是一种多边行为。目前,宏观经济政策协调的主要框架包括三类:一是在多边协议框架下的机构性协调,如以布雷顿森林体系为名的国际货币体系、以关税和贸易总协定为内容的国际贸易体系和以协调能源政策为目的的国际能源机构;二是在区域经济一体化过程中的地区协调,如从欧洲共同体起步发展到今天的欧洲联盟;三是在领导人会晤机制下的定期协调,如每年都会定期召开的发达国家集团会议——七国集团(G7)、新兴发展中国家协调机制——金砖国家领导人会议(BRICS)与目前规模最大和级别最高的 G20 领导人峰会及相应的财长和央行行长会议。

1.3.3　二十国集团

二十国集团(G20)最早始于 1999 年 12 月 16 日在德国柏林成立的 20 个经济体的政府财政部长和央行行长会议。由于 2008 年由美国次贷危机引起的全球金融海啸震动了全球经济,因此于同年二十国财政部长和央行行长会议被升级为 G20 领导人峰会机制。该机制属于布雷顿森林体系框架内非正式对话的一种。G20 领导人峰会的目的在于推动已经工业化的发达国家和新兴市场国家之间就实质性问题进行开放及有建设性的讨论和研究,以寻求合作并促进国际金融稳定和经济的持续增长。G20 自 2008

---

① 黄梅波,胡建梅. 国际宏观经济政策协调与 G20 机制化 [J]. 世界经济, 2011, 13 (1): 52.
② 杨照东,王劲松. 国际宏观经济政策协调理论综述 [J]. 经济学动态, 2004 (2): 72.

年开始定期召开的领导人峰会，进一步增强了发达国家与发展中国家就全球经济、金融问题的沟通与合作。在后金融危机时期，全球各国致力于推动经济复苏，G20 领导人峰会的举行正顺应了各国的意愿。据统计，自 2009 年美国匹兹堡第三次 G20 领导人峰会召开以来，几乎每届 G20 领导人峰会都把加强宏观经济政策协调作为主要议题之一。然而，发达国家和发展中国家经济发展水平的差异，再加上区域和全球经济问题的频繁出现，都给国际宏观经济政策的协调带来了不确定性和新的挑战。G20 的有效性和合法性一直遭受着人们的质疑，这也给 G20 成员方的宏观经济政策的国际协调的未来带来了更多的不确定性。

1.4　文　献　述　评

在经济全球化的背景下，国家之间的经贸联系越来越紧密。在给各国经济的发展带来大量发展机会的同时，系统性风险的发生也使得很多国家陷入经济衰退的连锁反应之中。在复杂多变的国际环境下，不仅中国需要寻找新的国际合作的机会，其他国家也需要在探索中前行。"一带一路"沿线国家包括现今世界上大部分的发达国家和发展中国家，宏观经济政策协调是这些国家开展经贸合作的重要保障。事实上，除全球性的经济组织外，"一带一路"沿线很多区域性经济组织，包括东南亚国家联盟、亚太经合组织、海湾阿拉伯国家合作委员会、中亚区域经济合作等都在不同程度上开展了针对宏观经济政策的协调，这充分体现了宏观经济政策的国际协调对于国家之间深入开展经贸合作的重要性。下面就宏观经济政策的国际协调的国内外的研究成果进行简单述评。具体的研究主要表现在三个学科领域，即国际关系学、经济学和计量经济学。

1.4.1　国际关系学对宏观经济政策国际协调的研究

从国际关系学的角度，学者认为，相互依存理论、霸权稳定论和国际机制是宏观经济政策国际协调的原因和动力。由于外部性和公共物品的存在，一国的政策行为会产生外溢效应，因此宏观经济政策的国际协调是可取和必需的（Buiter & Marston，1985）。金融危机之后，美国联邦储备系统和欧洲中央银行宽松政策产生的溢出效应加大了各国进行宏观经济政策协调的迫切性（王东，2011）。相互依存关系的存在使国际间的政策合作成为必然（Copper，1968），而不对称相互依存关系则会引致合作型施压的政策（王帆，2010）。霸权力量和国际机制被认为是促进国际协调的主要因素。"霸权稳定论"强调利用霸权力量达到促进合作的目的（Snidal，1985），但霸权并不是合作产生的唯一条件，至多是一个比较重要的因素（赵长峰，2005）。霸权衰落后的国际合作不仅是可能的，而且是各国的国内协调与国际协调权衡或决策的内生需求，并可通过国际机制的作用而得到促进（殷德生，2011）。通过同步降息、货币互换、G20 峰会等形式，在特定时期和特定形势下，货币政策的国际协调得以实现（尹继志，2012）。

1.4.2　经济学对国际宏观经济政策协调的研究

从经济学的角度，开放条件下的宏观经济学和宏观经济政策的外溢效应是国家之间可以进行宏观经济政策协调的原因，并且福利分析方法和博弈论经常被用来评估国家间宏观经济政策国际协调的可行性和效果。应用开放宏观经济学理论，政策的协调合作能够提高两国总体的福利水平（王胜，2010），在面临劳动生产率冲击时中国参与宏观经济政策国际协调具有潜在收益（黄梅波，2010）。然而，尽管存在收益，宏观经济政策国际协调并不总是高效的，其低效的原因主要有经济运行的复杂性和不确定性、搭便车行为、第三国问题及经济实力的不对称性等（虞伟荣和胡海鸥，2005）。Hamada 模型揭示出当两国不进行政策协调时的两种非合作均衡都存在帕累托改进的余地，而经过协调后的合作均衡实现了帕累托最优

（Hamada，1976）。在研究中美宏观经济政策协调的时候，引入了卢卡斯的福利成本模型，发现中美宏观经济政策协调是有效的（吴正等，2018）。

1.4.3 计量经济学对国际宏观经济政策协调的研究

从计量经济学的角度，从国家之间经济周期同步性以及地理和组织机制的视角考察宏观经济政策国际协调的可行性和效果。经济周期同步性是指各国之间的某些重要宏观经济指标在短期内有共同周期，在长期内有共同趋势（Engle & Kozicki，1993）。如果合作成员方的经济周期具有同步性，那么上市独立政策的负面影响也将下降到最低程度（喻旭兰，2007）。一些学者通过多种计量方法测算了不同区域成员方之间的经济周期同步性的程度，证明七国集团（G7）、东亚地区、中国—东盟、海湾六国等都存在一定程度的同步性，因而能够进行国际协调（Doyle & Faust，2005；童笛等，2009；张昱等，2012；马红霞等，2009；吴正，2018）。在 G20 成员方经济波动同步性的研究中，G20 宏观经济政策协调具有可行性，G20 协调机制有利于成员方缓和经济波动和促进经济的持续增长（黄梅波等，2011）。长期来看，发达国家是造成 G20 经济不稳定的主要力量（张耿，2013）。

1.4.4 现有研究成果评述

综合来看，对于宏观经济政策的国际协调研究已经有一定的成果，但是仍然存在改进的空间。第一，过去的研究主要集中于宏观政策协调的原因、可行性和效果，缺乏对于宏观经济政策协调的具体机制、路径和对策的研究。另外，从研究视角上来看并没有严格区分协调国之间经济周期的同步性与非同步性。第二，在理论分析与应用方面，更多的只是用国际关系学的理论包括相互依存理论和霸权合作论来解释国家之间可以进行协调的原因，并没有考虑过宏观经济政策的国际协调已经呈现了机制化的特点，同时也忽略了对于这些理论正确性的验证和判定。第三，在计量分析中，更多地强调区域内部或经济发展程度相似国家之间宏观经济政策协调的可行性和效果。然而，G20 集团包括发达国家和发展中国家，这两个集团之间的宏观经济周期是否具有同步性，以及如何进行协调却鲜有涉及；最后，中国作为发展中国家的代表，如何利用 G20 协调机制与不同的国家进行合作和协调也是值得关注的问题。综合所有学科的相关理论和方法论将会使得宏观经济政策的国际协调这一课题的研究更具有系统性。

1.5　主要内容和框架结构

本书的目的在于系统地介绍、分析和阐述 G20 的宏观经济政策的国际协调机制，主要研究的问题与思路如下：第一部分，运用历史回顾的方法，对历史上的宏观经济政策的国际协调实践进行梳理和回顾。以金融危机为界限（即 G20 的成立），重点论证后金融危机时期宏观经济政策国际协调的非同步性的存在，并且对经济周期的非同步性进行量化测度。第二部分，G20 宏观经济政策国际协调的理论分析。运用国际关系学中的相互依存理论、霸权稳定论和国际机制理论以及经济学中的福利经济学的效用函数，解释非同步经济周期下国家之间进行宏观经济政策国际协调的理论基础，并且利用中、美两国的案例对国际关系理论进行验证，同时运用效用函数建立理论模型。第三部分，G20 宏观经济政策国际协调的实证研究。该部分旨在通过实证研究 G20 内部成员方之间、金融危机前后和长短期情况下宏观经济政策国际协调的效果。第四部分，G20 宏观经济政策协调案例研究。该部分以 G20 为例，主要研究 G20 框架内在经济周期相对同步和不同步时期成员方之间宏观经济政策国际协调的实践历程，在总结经验的基础上为提出协调建议和对策提供事实依据。第五部分，中国参与 G20 宏观经济政策国际协调的对策研究。提出 G20 宏观经济政策国际协调机制的未来发展方向，并且把中国定位为发展中大国，讨论中国如何与主要发达经济体进行宏观政策协调，如何充分利用 G20 宏观经济政策协调机制，如何通过参与 G20 政策国际协调机制的设计提升国际话语权等方面提出具体的对策建议。

1.6　研究思路和研究方法

1.6.1　研究思路

本书的研究遵循提出问题、分析问题、解决问题的基本范式，具体的研究思路如图 1.1 所示。

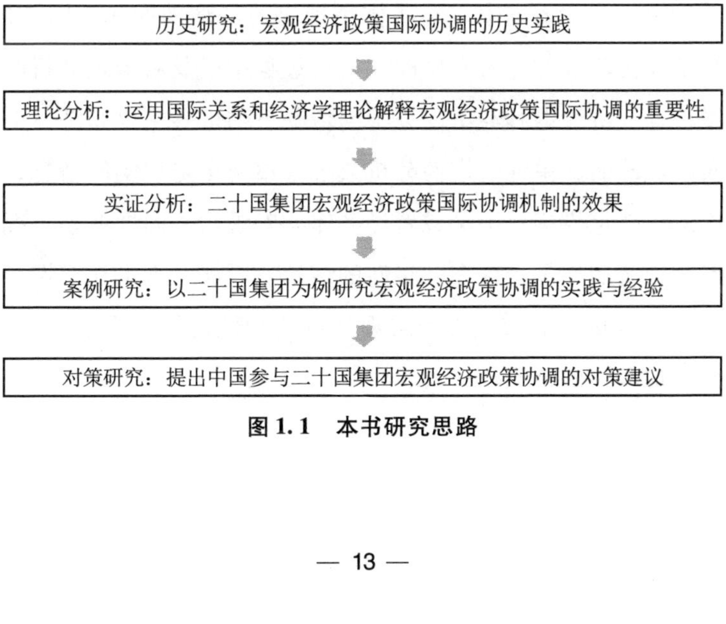

图 1.1　本书研究思路

具体而言，本书的研究思路可以被概括为五个核心部分：第一部分梳理已有的宏观经济政策协调实践，进一步分析二十国集团在宏观经济政策协调方面的议题塑造的特点；第二部分运用国际关系中相互依存理论、霸权稳定论、国际机制相关理论和经济学中衡量宏观经济政策的福利成本模型提出本书研究的基本理论假设和理论依据；第三部分实证研究和考察 G20 宏观经济政策国际协调的效果；第四部分根据实证研究的结论，使用案例研究方法得出 G20 宏观经济政策的协调效果存在差异的原因；第五部分结合全文的分析，重点研究中国如何在未来的 G20 宏观经济政策协调议题下发挥更大的作用。

1.6.2 研究方法

1. 定性分析与定量分析相结合

定性分析与定量分析的方法主要应用于对于国家之间宏观经济周期波动的同步性与否的研究。历史的研究与回顾是政治学特别是国际关系学科最常用的研究方法。这种方法可以定性分析 G20 成立前后，即 2008 年金融危机前后国际上主要国家或经济体呈现出的经济周期是否同步的特点，也可以清楚地比较金融危机发生前、危机过程中以及后金融危机时期，处于经济增长、经济衰退和经济复苏不同情况下的世界主要经济体的宏观经济协调实践。然而，单纯的定性分析或者考察历史与现实的情况，并不能科学准确地反映世界主要国家或者经济体的宏观经济周期波动情况，进而得出准确的经济周期是否存在同步性的结论。因此，本书在定性分析的基础上，对于 G20 的主要成员方的宏观经济波动性进行了系统的分类研究，希望得到更加科学的结论。

2. 理论研究与实证研究相结合

本书既梳理了宏观经济政策国际协调在国际关系和经济学方面的理论，又试图从经济学的视角和研究方法来证明和验证相互依存理论和霸权合作论。实证研究是本书的核心内容，同时也是本书研究方法具有科学性的体现。通过应用理论和推导建模，对 G20 中发达国家和发展中国家、主要成员方金融危机前后以及长期和短期的宏观经济政策国际协调的效果进行实证研究，为进一步评估 G20 宏观经济政策国际协调机制和为中国参与该协调机制的对策建议提供依据。

3. 国际关系学与经济学相结合

G20 宏观经济政策的国际协调机制不仅涉及经济变量，还关乎政治博弈，因而综合考量政治与经济因素的相互作用对于分析和评价宏观经济政策的国际协调问题至关重要。国际政治经济学便是这样一门学科，其强调国内政治、经济与国际政治、经济的相互作用和相互影响。本书研究的主题看似是经济问题，但仍然需要国际政治和国际关系领域的相关理论作为支撑。这种国际关系学和经济学相结合的研究方法可以有效地避免单一学科对于研究问题分析思路的单一性和有偏性，从而使得本书的论证更具有系统性和科学性。

1.7　创　新　点

本书力争在传统的理论研究与实证分析相结合和定性与定量分析相结合的基础上，以非同步经济周期这一新的视角研究 G20 框架下的宏观经济政策国际协调的相关问题。本书在既有的研究成果和经验的基础上从以下方面进行了发展。

（1）本书以非同步经济周期的视角对 G20 的宏观经济政策的国际协调展开了充分的分析和研究。在针对 G20 成员方的经济周期同步性的测度方面，不仅运用历史回顾的定性方法，还引用了共动性的定量分析方法。

（2）本书在 G20 成员方宏观经济政策的国际协调效果的研究方面采用了更加科学、准确和有说服力的实证研究方法。首次将用于研究一国宏观经济政策效果的卢卡斯（1987）经济波动福利成本模型应用于宏观经济政策的国际协调研究领域。卢卡斯的模型为衡量 G20 宏观经济政策的国际协调效果提供了最为简便和有效的方法。

（3）本书的研究并没有简单地拘泥于经济学或是国际关系学科的分析框架和研究思路，而是通过综合使用两个学科的理论和方法论，体现了经济学与国际关系学之间的学科融合性与互补性，从而避免了用单一学科来研究复杂问题可能会产生的有偏性。

（4）本书对 G20 的研究保持了学术上的客观性。在充分肯定 G20 在全球经济治理中取得的重要成就的同时，也客观地指出了该集团在非同步经济周期下进行国际经济协调的问题和挑战。最后，本书在充分调研的基础上，为今后中国在 G20 宏观经济政策国际协调框架下如何发挥主导性作用提出个人意见。

第2章 宏观经济政策国际协调的历史实践

随着国际贸易、投资等国家之间经济往来的增加和经济全球化的发展，各国之间的经济联系越来越紧密，各个国家都无法脱离全球经济和他国的经济政策而关起门来独立发展经济。在很多情况下，不同的国家之间，特别是大的经济体之间需要保持密切的沟通和合作，这样才能最大限度地避免因为政策的外溢效应所带来的相互影响和制约。各国在意识到开展和加强宏观经济政策的国际协调的必要性和重要性的同时，在世界主要经济体之间的宏观经济政策协调实践早已开始。本章从历史的视角回顾和梳理第二次世界大战后的宏观经济政策的国际协调实践。因为本书的研究基于经济周期的非同步性，所以特别将宏观经济政策协调的实践活动以2008年全球金融危机为界，分成危机前、危机中和危机后三段历史时期。其目的是定性地梳理出二十国集团宏观经济政策协调机制在后金融危机时期呈现出的非同步性的特征。

2.1 金融危机之前宏观经济政策的国际协调

第二次世界大战之后，随着开放经济逐渐成为世界主要经济体的主流经济发展方向和政策选择。开放经济在全球范围内的发展使得全球各个经济体之间的联系日益紧密。双边贸易、投资和跨国公司等经济活动越来越活跃，这些既是全球经济相互依存度紧密的主要体现，也推动了经济全球化发展浪潮的形成。与此同时，世界主要经济体在第一时间也认识到进行国际经济协调和建立国际经济协调机制的重要性。纵观 2008 年全球金融危机之前的国际经济协调机制的发展实践，大概可以分为两个阶段。第一个阶段是第二次世界大战之后的布雷顿森林体系下的宏观经济政策协调，这是历史上最早的也是涉及国家最广泛的国际经济协调机制；第二个阶段是以 G(X) 为主要模式的主要经济体之间的宏观经济政策协调机制，该机制虽然参与协调的主体有限，但是维持和发展的时间更长，而且协调的成效更加值得期待。除了全球范围内的宏观经济政策国际协调机制以外，伴随着经济全球化发生的另外一股全球经济发展潮流——区域经济一体化也在逐渐形成。这与全球范围内的经济协调机制不同。以欧盟为例，欧盟的形成经历了一个较为长期的过程，在形成过程中也经历了成员方经济周期由不同步向同步发展的过程。如欧盟之类的区域经济一体化集团的宏观经济政策国际协调之路往往由多边的自由贸易或者投资协定开始，之后转向更加高层次的经济联盟甚至是政治联盟。区域经济一体化集团成员方之间的宏观经济政策的国际协调程度更深、机制更加完善和成熟，并且协调的难度更小。无论是全球性的经济协调机制还是区域性的经济一体化集团，在 2008 年全球性金融危机爆发之前虽然经济周期在开始的时候都不尽同步，但是通过正式或者非正式的协调都呈现出一定的效果，直到 2008 年全球性金融危机的发生。

2.1.1 布雷顿森林体系下宏观经济政策的国际协调

布雷顿森林体系是第二次世界大战后形成的重要的国家之间的宏观经济政策协调机制。其主要的经济协调制度依赖于 1944 年在美国召开的布雷顿森林会议后所达成的一系列协议。简单回顾布雷顿森林会议的主要成果，不难发现该体系对第二次世界大战后无序和衰败的世界经济的复苏的重要性，同时也进一步确立了美国在全球经济中的不可替代的主导地位。布雷顿森林会议的两个主要成果包括：第一，成立了国际复兴开发银行（世界银行前身）和国际货币基金组织（International Monetary Fund，IMF）两大机构，还有之后的关税和贸易总协定（General Agreement of Tariff and Trade，GATT，即世界贸易组织的前身）；第二，"双挂钩"的世界货币制度，即美元与黄金挂钩、世界各国货币与美元挂钩，进而确立了美元对国际货币体系的主导权，构建了战后国际货币体系的新秩序。三大正式国际组织（前身）的形成意义重大，为后来乃至今日的世界各国货币制度的协调、国际金融体系的改革和全球贸易自由化的发展都起到了重要作用。并且它们至今仍然是各个国家之间进行宏观经济政策国际协调的最主要的全球性常设正式机构。"双挂钩"所确立的美元为主导的世界货币制度，在第二次世界大战后全球经济动荡时期起到了稳定物价和复苏经济的作用；但是因为其本质上仍然是金本位制度，必然会面临黄金储备不足与经济复苏和发展对货币的需求不断扩大之间的矛盾。1971 年，由于美国再也无法维持美元和黄金之间的固定比价，当时的美国尼克松政府宣布放弃金本位制度，这标志着布雷顿森林体系的彻底崩溃，国际货币体系再次陷入混乱的状态。布雷顿森林体系本质上仍然是美国全球霸权的体现，美国的利益在布雷顿森林体系下的国际经济协调机制中明显处于支配地位。这段时期的各国经济总量虽然都处于较低的水平，但是都处于经济周期的复苏期，相对经济周期较为同步。再加上正式的国际机制的协调作用，经济增长和复苏的效果值得肯定。

2.1.2　以 G7 为代表的 G(X) 宏观经济政策的国际协调

20 世纪 70 年代，全球经济开始动荡，并再一次陷入混乱之中。石油危机、美国放弃金本位制度之后，美国在全球经济地位的衰弱，还有主要西方工业化国家经济增长的放缓、贸易摩擦和贸易战的不断增加等一系列全球性经济问题的出现严重威胁了各国经济和世界经济的发展，因此越来越多的国家开始意识到加强彼此宏观经济协调的重要性①。G5（五国集团）、G7 或 G8（八国集团）等新兴国际协调机制相继出现在全球治理的舞台。这种由若干国家组成的非正式的 G(X) 国家集团在国际经济协调方面逐渐发展成为与正式国际协调机制并行存在的新模式。G(X) 集团化协调机制的兴起是经济全球化发展到一定阶段的现实选择，是国际社会对全球公共产品需求的内在反映，该机制下的成员彼此独立和平等，为共同应对危机而结成排他性集团，通过制度化的峰会外交形成国际秩序，并且实现体系的稳定②。

在传统的正式的国际组织进行全球经济治理和政策协调机制饱受诟病的情况下，西方工业化国家开始逐渐意识到传统的国际组织已经无法协调他们之间的矛盾。在西方主要工业化国家的努力下，七国集团——一个主要负责深化西方工业化经济体之间的经济协调合作的集团应运而生。

七国集团（G7）缘起于 1973 年的美、英、法、德、日五国财长间的非正式会晤，主要的议题是讨论评估国际货币体系的发展问题，以协调经济政策、重振西方经济。之后，意大利和加拿大两国陆续加入该集团才形成了七国集团。七国集团自成立开始就是一个非正式的西方主要工业化国家的对话平台。七国集团成员方定期召开会议的级别也由部长级会议逐渐升级为领导人峰会，并且长期以来首脑峰会和财长会议并行发展。1991年俄罗斯开始参加部分会议，1997 年正式成为八国集团成员，但是一直参与的议题都只与政治相关。虽然成为八国集团的正式成员，但是俄罗斯长期以来被排斥在经济议题之外，宏观经济政策的国际协调仍然由七国集团主导。之后，由于俄罗斯与其他七个主要西方工业化国家在政治立场和

---

① 杨力 . 二十国集团发展报告（2012）［M］. 上海：上海人民出版社，2013：351.
② Kirton, John. *Contemporary Concert Diplomacy: The Seven - Power Summit and the Management of International Order* ［R］. Paper prepared for the annual meeting of the International Studies Association and the British International Studies Associations, London. 1989, March 29 - April 1, pp. 3 - 4.

国家利益方面的冲突，俄罗斯逐渐被排除在该集团之外，八国集团再次变为之前的七国集团。

七国集团作为布雷顿森林体系下主要的西方工业化国家就主要政治、经济政策进行国际协调的一种高级别的非正式机制，自成立以来，推动了西方主要工业化国家在货币、汇率、贸易、金融监管等经济方面的协调与合作。七国集团虽然不具有布雷顿森林体系下的正式的国际组织的协调机制的较高的强制性和约束力，但确实是参与国最高级别领导人的面对面的协商和会晤，在协调效果上具有较高的效率和效果。七国集团在面对集团内部共同关心的问题时，可以进行直接的对话协商，更加有助于解决分歧、达成共识，避免货币竞争性贬值和贸易保护主义。因此，七国集团国际经济协调机制被普遍认为是继布雷顿森林体系之后最有建设性的协调机制。七国集团长期以来良好的国际经济协调效果一方面得益于 20 世纪 70 年代西方主要工业化国家经济周期较好的同步性、经济结构的相似性和经济联系的依存性；另一方面，各国通过高效的沟通也使得经济发展趋同性加强。七国集团的成立和发展充分说明了美国经济在世界范围内的霸权地位的衰弱，而以集团形式出现的西方大国逐渐开始主导全球经济的治理和协调。七国集团对于国际经济协调的偏向性逐渐显现，发展中国家的经济利益难以得到维护和保障。

2.1.3 以欧元区为代表的区域宏观经济政策的国际协调

欧元区成员方之间的国际经济协调的基础源于长期以来形成的欧洲联盟，即欧盟。欧盟的形成标志着本来在地理位置和经济方面联系紧密的欧洲大陆主要国家之间有了正式的经济和政治政策协调机构。自 1999 年 1 月 1 日在实行欧元的欧盟国家中实行统一货币政策开始，直到 2002 年 7 月欧元成为欧元区唯一合法货币，欧元的产生进一步深化了欧元区国家之间的经济联系，并且由欧洲中央银行（European Central Bank，ECB）和各欧元区国家的中央银行组成的欧洲中央银行系统负责管理。这样，欧元区国家就形成了统一的货币制度，并且欧洲中央银行成为欧元区国家制定和实施货币政策的唯一合法机构，即欧元区的中央银行。欧元区的形成可以被视为欧洲区域一体化进程的一个里程碑。统一的货币政策的实施使得原本经济和贸易联系非常紧密的欧洲大陆各国家间的经济周期更加同步。虽然在欧元区形成之后面临了诸如欧洲债务危机、难民问题、英国脱欧等种种挑战，但是欧洲统一货币对于欧元区的贡献和作用同样是不可否定的。统一的货币政策完全消除了汇率波动和政策协调带来的成本，使得欧元区成为在区域国家之间进行经济政策协调的最成功的典范。

2.2 二十国集团的成立与宏观经济政策协调议题的设置

二十国集团（G20）是 G(X）全球治理集团模式的延续，同样也是布雷顿森林体系下的就全球性货币、贸易、金融监管等经济问题和国际政治及国际社会共同关心的发展问题进行协商的非正式国际机制。二十二国集团（G22）和三十三国集团（G33）是二十国集团（G20）的前身。G22 包括了除七国集团成员方以外的阿根廷、澳大利亚、巴西、中国、中国香港、印度、印度尼西亚、韩国、马来西亚、墨西哥、波兰、俄罗斯、新加坡、南非和泰国，这些国家或地区大部分属于发展中国家或地区，因此成立的原因主要是为了应对新兴市场国家爆发的金融危机。G22 是由美国于 1998 年 4 月提议成立的定期召开的财政部长和央行行长会议。G22 在 1999 年再次被扩大，由七国集团提议成立 G33。G33 在 G22 成员方的基础上又增加了比利时、智利、科特迪瓦、埃及、摩洛哥、荷兰、沙特阿拉伯、西班牙、瑞典、瑞士和土耳其几个来自欧洲、南美洲、非洲和中东地区的系统性重要国家。这样，G33 最大范围地涵盖了世界上重要的新兴经济体。虽然 G22 和 G33 定期召开的财政部长和央行行长会议降低了世界经济在危机面前的脆弱性，引入了新兴经济体之后，使得真正意义上的全球治理得以实现，但是最终仍然没有形成制度化的国际协调机制。

2.2.1 二十国集团的成立

1997 年爆发了亚洲金融风暴，从东南亚地区快速扩展到东亚等地区，并且对新兴经济体造成了严重的打击。当时以美国为首的八国集团（G8）迅速意识到全球金融的稳定和经济治理仅仅依靠西方主要工业化国家的力量是不够的，也需要新兴经济体国家的参与。因此，在之前的八国集团成员方的基础上加上阿根廷、巴西、墨西哥、澳大利亚、中国、韩国、印度尼西亚、印度、沙特阿拉伯、土耳其、南非和欧盟共同组成的二十国财长集团于 1999 年在德国柏林正式成立。1999 年二十国集团的第一份创始公报在德国柏林发表，该公报正式明确了二十国集团的性质和成立的意义。公报中写道："G20 的创立，是为了在布雷顿森林体系框架内提供一个非正式对话的新机制，扩大在具有系统重要性的经济体之间就核心的经济金融议题的讨论，促进合作，以取得惠及所有人的稳定的、可持续的世界经济增长。"[1]

然而，在二十国集团刚刚成立的时候，与 G22 和 G33 一样，并没有受到广泛的关注和重视，并且在形式上也局限于成员方之间的财政部长和央行行长会议。这种境况随着始于美国的 2008 年的全球性金融危机的爆发开始发生了改变。全球金融危机的快速蔓延并不是只有七国集团就能够应对和解决的，也不是仅仅依靠二十国集团的财长和部长级别的会议就能够磋商的。想要在危机之中恢复和复苏，不仅需要发达国家领导人，更需要发展中国家首脑的直接参与。发达国家和发展中国家的领导人在这一观点上达成一致意见，从 2008 年 11 月在美国华盛顿召开的第一次 19 个国

---

[1] G20. Communique of Finance Ministers and Central Bank Governors – Berlin, Germany, 1999, December 15 – 16.

家以及欧盟的领导人峰会开始，二十国集团被正式升级为布雷顿森林体系下的全球最高级别的最广泛国家参与的非正式协商机制。加拿大多伦多大学二十国集团研究中心主任柯顿教授在其所著的《二十国集团与全球治理》一书中把从 2008 年华盛顿峰会被升级为各国最高级别的领导人峰会开始，经历 2009 年的伦敦峰会、匹斯堡峰会最后到 2010 年多伦多峰会为止的这一阶段看作二十国集团领导人峰会俱乐部的形成阶段。与此同时，2008—2010 年也是这次全球性金融危机发生的时期。回顾该阶段二十国集团领导人峰会的主要议题，可以看出柯顿教授做出这种分类的原因，以及该阶段对于奠定二十国集团在全球经济治理中的地位的重要性。

2.2.2 金融危机时期宏观经济政策国际协调议题的设置

通过表 2 - 1 对 2008—2010 年历次二十国集团首脑峰会的主要议题的回顾，不难发现在全球性金融危机发生的特殊时期，金融危机为什么会发生、如何尽快摆脱金融危机和加强金融监管、进行金融改革以防范系统性金融风险的发生等问题自然成为二十国集团领导人峰会的首要议题。虽然新兴工业化国家要比发达国家较晚受到金融危机的影响，但是金融危机的全球性蔓延首次促使西方主要发达国家和新兴发展中国家能够携手面对与协商。与此同时，在这四次峰会中，加强成员方之间的宏观经济政策的协调是除了金融危机议题以外的另一个重要的议题。如果各国只是以自己国家福利的最大化为目标，在金融危机时期制定宽松的财政政策和货币政策，则由于宏观经济政策的外溢效应，必然会产生"以邻为壑"的负面效应。这种负面效应很大程度上会引发更严重的贸易保护主义或者新一轮的货币战争等。全球各国在经济策略上的博弈，必然会产生两败俱伤的后果。这样看来，宏观经济政策协调这一议题的设置对于二十国集团来说非常具有及时性和必要性。

表 2－1   2008—2010 年二十国集团领导人峰会及其主要议题

领导人峰会	时间	地点	主要议题
第一届峰会	2008 年 11 月	美国华盛顿	评估国际社会在应对金融危机方面取得的进展，讨论金融危机产生的原因；共商促进全球经济发展的举措，重申自由市场原则，反对贸易保护主义；加强国际金融监管，确定全球金融监管的规范等
第二届峰会	2009 年 4 月	英国伦敦	如何摆脱金融危机，使经济尽快复苏，统一刺激经济的立场；加强国际金融监管，防止危机再次发生；反对贸易保护主义，改革国际金融机构，增资国际货币基金组织等
第三届峰会	2009 年 9 月	美国匹兹堡	推动世界经济复苏、加强宏观经济政策协调、转变经济发展方式；加强国际金融监管，推动国际金融机构和国际货币体系改革；推动多哈回合谈判，加强发展援助；确保能源安全，气候变化融资等
第四届峰会	2010 年 6 月	加拿大多伦多	促进经济可持续与平衡增长，加强宏观经济政策协调；加强国际金融监管，推动国际金融机构和国际货币体系改革；促进全球贸易增长，加强发展援助；确保能源安全，应对气候变化等

注：根据历届二十国集团（G20）领导人峰会宣言和相关新闻报道整理而得。

在金融危机时期，由于全球经济受到系统性风险的影响，几乎所有的国家都没能够幸免。虽然各国由于经济联系与发展程度有着差异性，受到金融危机影响的早晚略有差异，但是从宏观经济数据来看，二十国集团内部所有的系统性重要的国家都在这一阶段出现了经济增长速度的最低值且增长速度下降的幅度是在最近一个完整的经济周期内是最大的。

2.3 经济复苏时期的宏观经济政策协调

后金融危机时期，发达经济体和新兴市场经济体的复苏周期呈现出非同步性的特征，之前在经济周期相对同步的情况下的宏观经济政策国际协调的机制和路径面临着新的挑战。世界主要经济体之间宏观经济政策的合作与协调再次成为政策界与学术界共同关心的重要议题。

二十国集团（G20）作为当今唯一的涵盖了发达国家经济体和新兴市场经济体的定期召开最高级别领导人峰会的协调机构，在全球经济从金融危机中开始复苏的阶段表现出不可替代的作用。虽然二十国集团属于非正式的国际机制，因为二十国集团没有法律约束力的组织宪章作为基础，而且二十国集团框架内达成的协议和承诺也不具备法律约束力[①]。但是，与其他的非正式国际机制如七国集团（G7）或者金砖五国（BRICS）相比，二十国集团无疑是囊括了全球最大范围的经济体的峰会。通过表2－2对二十国集团第五次领导人峰会到中国杭州峰会的历届主要议题的归纳可以发现：无论每次峰会议题的数量和范围是否增加，宏观经济政策协调始终是历届峰会的议题之一。这一点与二十国集团成立时，成员方致力于将这一机制常态化的初衷和目的是一致的。

表2－2   经济复苏时期历届二十国集团领导人峰会主要议题

领导人峰会	时间	地点	主要议题
第五届峰会	2010年11月	韩国首尔	加强宏观经济政策协调（包括汇率问题），改革国际金融机构和国际货币体系；建设全球金融安全网和多边贸易体制；加强发展援助，确保能源安全，应对气候变化等

① 朱杰进. G20 的非正式性及其机制化建设［J］. 现代国际关系，2011（3）：197.

续表

领导人峰会	时间	地点	主要议题
第六届峰会	2011 年 11 月	法国戛纳	强劲、可持续和平衡增长，国际金融监管改革，国际货币体系改革；贸易、发展和流动性过剩问题及大宗商品波动控制；能源安全和气候变化等
第七届峰会	2012 年 6 月	墨西哥洛斯卡沃斯	加强宏观经济政策协调，强化国际金融监管体系，改革国际货币体系；就业与社会保障；贸易、发展和流动性过剩问题；能源安全、气候变化、粮食安全和大宗商品价格波动；绿色增长与长期繁荣；反腐败等
第八届峰会	2013 年 9 月	俄罗斯圣彼得堡	宏观经济政策协调、国际金融监管改革、国际货币体系改革问题；贸易、发展、能源安全和气候变化问题；打击逃税和避税、反洗钱国际合作和反腐败等
第九届峰会	2014 年 11 月	澳大利亚布里斯班	宏观经济政策协调；促进增长与就业；建设更强劲、更抗风险的全球经济；能源、气候变化和埃博拉疫情等
第十届峰会	2015 年 9 月	土耳其安塔利亚	宏观经济政策协调，实现强劲、可持续、平衡增长；加强金融机构改革，增强抗风险能力；实现公平、现代化的国际税收体系；反腐败；支持可持续发展，包括能源、食品安全、消除贫困、气候变化、互联网安全议题等
第十一届峰会	2016 年 9 月	中国杭州	加强宏观经济政策协调；创新增长方式；建设更高效的全球经济金融治理；促进更强劲的全球贸易和投资；推动包容和联动式发展；英国脱欧、气候变化、难民危机、打击恐怖主义、公共卫生与健康议题等

注：根据历届二十国集团领导人峰会宣言和相关新闻报道整理而得。

　　详细阅读历届二十国集团的领导人峰会公报或者宣言可以看出，虽然几乎每一届峰会都会设置宏观经济政策协调议题，但是具体的内容可能不尽相同。大体说来，在宏观经济政策协调这一议题下包括以下几个方面：经济复苏与可持续增长、货币政策、汇率、财政政策、主权债务、贸易与投资等。二十国集团自成立之日起一直饱受争议，一些学者并不看好二十国集团在宏观经济政策的国际协调方面能够实现多大的效果。客观上，二十国集团在宏观经济政策的国际协调方面的作用能够有多大，谁也不能够保证，但是集团内部的成员方一直没有放弃对国际经济进行协调的努力和信心，这一点对于全球经济复苏缓慢和主要发达国家和新兴发展中国家经济周期非同步的今天已经非常重要了。况且，2009 年匹兹堡峰会的《领导人声明》中，首次明确将二十国集团领导人峰会确定为"国际经济合作的首要论坛"，并且正式制度化。

2.4　二十国集团宏观经济政策国际协调的运行机制研究

2.4.1　二十国集团宏观经济政策国际协调机制的运作特点

在全球经济联系日益紧密的前提下，世界主要经济体共同意识到加强各国之间的经济政策的协调有利于避免政策外溢的负面效应，以促进经济增长。自二十国集团（G20）成立之时，就致力于全球性经济问题和发展问题进行谈判和协商。2008 年全球性金融危机的爆发进一步推动了二十国集团的全面升级。二十国集团领导人峰会的成立，为应对金融危机时期全球低迷的经济起到了重要作用，与此同时，这也是新兴发展中经济体首次被赋予在全球经济治理中的重要角色。在后金融危机阶段，世界主要经济体的经济复苏速度出现了差异，经济周期也出现了非同步性的特征。在经济周期非同步的情况下，二十国集团继续担任全球经济治理的最重要的平台，特别是在宏观经济政策的国际协调方面发挥着不可替代的作用。二十国集团在宏观经济政策的国际协调方面仍然属于布雷顿森林体系下的非正式的相机性协调①，与传统的国际组织有所差别。

1. 二十国集团宏观经济政策协调的框架和运行机制

二十国集团宏观经济政策的协调和历届峰会主题的设置主要经历如图 2.1 所示的三个层次。通过梳理历届二十国集团领导人峰会的准备工作，一般情况下在确定了下一届领导人峰会的主办国之后就会成立一个由上一届、下一届和本届峰会主办国共同构成的峰会筹办机构，也就是所谓的"三驾马车"。在正式的领导人峰会召开之前，会举行若干次的峰会协调人会议及成员方的财政部长和央行行长会议。这些会议将主要负责在领导人峰会之前召开的其他部长级会议、专家工作组会议、国际货币基金组织等主要国际组织和工商峰会等外围对话及配套活动的相关文件和决议倡议等通过政治和经济两个渠道反映给领导人峰会，并且以此作为参考进一步确定领导人峰会的议题设置。

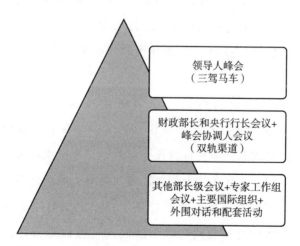

图 2.1 二十国集团经济政策协调的框架与运行机制

资料来源：根据历届二十国集团领导人相关文件和新闻报道整理而得。

---

① 相机性协调是针对某一特定情况各国采取的政策组合和共同行动措施，优点是灵活性、时效性、针对性比较强，缺点是协调成本高、约束力较弱。

（1）领导人峰会。领导人峰会是二十国集团宏观经济政策协调的核心和主题。二十国集团的领导人峰会始于 2008 年的全球性金融危机，在 2009 年 9 月的美国匹兹堡峰会上决定从 2011 年起每年举行一次峰会，到目前为止已经召开了 11 次，如今的二十国集团领导人峰会已经成为目前全球范围最大的国际经济协调的机制化平台。领导人峰会是二十国集团（G20）所有系列会议中级别和层次最高的会议。每次领导人峰会就已经选定的相关会议主题，采用成员方最高首脑轮流发言的方式表述各国的不同立场和主张，因此领导人峰会是一个对国家之间的分歧进行最直接和最坦率的沟通和磋商的平台。历届二十国集团领导人峰会的组织和运作在最高层面上采用"三驾马车"的模式。所谓"三驾马车"模式是指上一届、本届和下一届的峰会主办国共同筹划和准备本届峰会的总体流程，包括峰会和相关会议的时间、地点及议程设置等关键环节。"三驾马车"模式的好处就是能够保证历届峰会之间的连续性，使得一些原本就很难在一次峰会上讨论出结果的全球经济和政治问题能够得到有效的推进，促进二十国集团的机制化。从二十国集团机制的运行角度来看，"三驾马车"模式也起到了为历届峰会的筹备奠定基调和统领峰会相关系列会议顺利举办的作用。

（2）财政部长和央行行长会议与峰会协调人会议。二十国集团（G20）的财政部长和央行行长会议由来已久，早在还没有形成正式的领导人峰会之前，财政部长和央行行长会议就是二十国集团进行国际经济协调的最高级别会议，而且在二十国集团成立领导人峰会之后，财政部长会议和央行行长会议继续发挥着重要作用。在二十国集团整体的协调机制中，财政部长和央行行长会议与峰会协调人（也称筹备官）会议被称作会议的"双轨渠道"，是会议得以顺利运作的中心枢纽。财政部长和央行行长会议在二十国集团峰会机制形成之后，召开的频次也大大提升。与领导人峰会相比，财政部长和央行行长会议的主要议题集中在经济和金融方面，因此被称为峰会协调的财金渠道。财政部长和央行行长会议讨论的议题虽然集中于经济和金融领域，但是话题非常广泛和具体，而且会议召开的频次也比较密，并不局限于一年一届。二十国集团的财政部长和央行行长会议的内容一般是保密的，媒体和公众可以在会议结束后了解到会议讨论的主要议题，也可以了解到会议发布的声明、公报等文献①。

峰会协调人会议是就非经济和金融议题进行协调的第二条"双轨渠道"，是领导人参与二十国集团机制的"全权代理人"，在峰会会前筹备和会后成果落实中发挥作用，并负责起草峰会的领导人宣言和其他辅助性文件。峰会协调人会议设立的原因是二十国集团并没有一个常设机构，因此他借鉴了七国集团的首脑私人代表会议的机制。峰会协调人会议主要负责召开定期或者不定期的筹备小组会议、在成员方之间沟通峰会具体日程、设置议题和最后成果文件的磋商等工作。

（3）部长级会议与专家工作组会议。除了财政部长和央行行长以外的部长级会议与专家工作组会议是作为峰会的"双轨渠道"即财政部长和央行行长会议及峰会协调人会议的补充。其他的部长级会议的增加和完善与二十国集团议题范围和协调项目的增加和扩展有着密切关系。随着领导人峰会议题的扩大，越来越多的经贸商务部长会议、农业部长会议、劳工部长会议、能源部长会议等召开，并且形成成果性文件通过峰会协调人会议递交给领导人峰会。

有时候，二十国集团讨论的问题可能更加专业，而且并不是短时间内就可以得出结论的。这时候，专家工作组会议就显得非常重要。专家工作组会议通过对相应的具体问题进行资料收集和研究，根据研究成果提出相应的解决方法，为领导人峰会达成相关协议提供准备或者具有科学性的参考结论。迄今为止，二十国集团设立的专家工作组包括贸易金融专家工作组和能源专家工作组、国际金融框架工作组、发展工作组、投资融资研究工作组、反腐败工作组、就业问题工作组、气候变化融资工作组和普惠金融专家组等。

---

① ［加拿大］彼得·哈吉纳尔. 八国集团体系与二十国集团：演进、角色与文献［M］. 朱杰进，译. 上海：上海人民出版社，2010：191.

(4) 主要国际组织。国际货币基金组织、世界银行 (World Bank, WB)、世界贸易组织 (World Trade Organization, WTO)、联合国 (United Nations, UN)、金融稳定理事会 (Financial Stability Board, FSB)、国际劳工组织 (International Labor Organization, ILO) 和经济合作与发展组织 (Organization for Economic Cooperation and Development, OECD) 等国际机构是二十国集团峰会协调机制的技术和智力支持。主要国际组织与二十国集团经济政策协调机制的联系密切，主要体现在以下几个方面：第一，二十国集团领导人峰会中有关经济政策协调、金融机制改革和贸易自由化等相关议题需要国际组织的专业研究和支持；第二，主要国际组织一般情况下也会被邀请参加二十国集团领导人峰会，而且会全程和深度参与会议议题的设置与峰会议程；第三，很多二十国集团峰会的决议和倡议不仅需要成员方的认可和执行，还需要相关国际组织来推动和落实，并且在这个过程中起到一定的评估和监督的作用。以上几点也可以充分解释主要的国际机构为什么会经常出现在二十国集团领导人峰会的宣言或是公告里。

与此同时，二十国集团领导人峰会的协调机制也对推动国际机构改革和国际机构内部谈判进程的实质性推进起到重要作用。例如，在多次二十国集团领导人峰会上都提到了增资国际货币基金组织，进行国际货币体系改革等建议；在一些峰会上提出继续推进世界贸易组织多哈回合谈判，反对贸易保护主义，促进全球贸易增长；还有促使金融稳定理事会负责推进二十国集团峰会决定的金融监管领域各项重要举措，决定继续提高金融稳定理事会的地位，与国际清算银行和国际货币基金组织进行协调，执行二十国集团赋予的国际金融监管职能等。从效果上来看，一些国际组织的改革和变化正在悄然发生。例如，2016 年 10 月 1 日，人民币正式加入国际货币基金组织特别提款权 (Special Drawing Right, SDR) 货币篮子，这反映了国际社会对中国综合国力和改革开放成效的肯定与认可，将成为人民币国际化的重要里程碑，为人民币国际化注入了新的动力。另外，人民币正式加入货币篮子也将推动国际货币体系的进一步完善。

（5）外围对话和配套活动。外围对话和配套活动主要是指伴随着二十国集团领导人峰会召开的配套会议，如工商峰会（B20）、青年峰会（Y20）、劳工峰会（L20）、民间社会峰会（C20）、智库峰会（T20）等和一些非成员方被邀请参加峰会的代表。这些外围对话和配套活动虽然并不能直接参与和影响二十国集团领导人峰会的议题和协调结果，但是可以通过间接的渠道向相关会议反映外围参与者的思路与想法。这些活动进一步扩大了二十国集团宏观经济政策协调的影响力，同时推动峰会成果的早日实现和深化协调议题的专业化。

2. 二十国集团宏观经济政策协调的主要内容

结合历届二十国集团领导人峰会的主要议题，不难发现宏观经济政策协调始终是二十国集团领导人最关心的问题。总的来说，在二十国集团宏观经济政策协调这一议题下主要包括以下几个方面的内容：财政政策协调、货币政策协调、汇率政策协调与国际货币体系改革和贸易政策协调。

（1）财政政策协调。财政政策是宏观经济政策的重要组成部分，一国的财政政策主要是由国家的中央政府部门通过降低关税或是增加政府支出的方式来实现经济增长、充分就业、物价稳定和国际收支平衡等宏观经济目标。二十国集团的财政政策协调的重点一直是变化的和相机的。在2008年全球性金融危机时期，二十国集团的财政政策协调的重点在于刺激全球经济的复苏与增长。在这一政策协调导向下，各国相继推出宽松的财政政策，这一政策在短时间内应对金融危机和刺激经济增长有一定的正面作用，但是由于各国不断增加政府的财政支出，因此各国政府特别是发达国家的政府负债累累。金融危机之后的欧洲主权债务危机的爆发不能说与之前各国政府为应对金融危机而实施的宽松的财政政策全无关系。二十国集团中的发达国家在深陷债务危机的泥潭的同时，新兴发展中国家也出现了通货膨胀，因此纷纷取消了宽松的财政政策。2010年在釜山召开的二十国集团财政部长和央行行长会议就明确提出了基于当前经济环境，不再支持各国的经济刺激计划，尽量控制财政赤字。经济复苏的好景不长，2012 年开始全球主要新兴发展中国家开始出现经济增长乏力，动力不足，纷纷调低了经济增长的速度。2012 年在墨西哥城召开的二十国集团财政部长和央行行长会议上再次讨论如何遏制发达国家和新兴经济体出现的同步下滑态势，恢复和重新创造更多就业机会，稳固财政。2016 年在中国杭州召开的二十国集团第十一届领导人峰会上，进行供给侧结构性改革，促进经济的长期增长等议题再一次被强调。

（2）货币政策协调。货币政策与财政政策一样，都是一国宏观经济政策的重要组成部分。不同的是，货币政策是由国家的中央银行指定的，通过公开市场操作、调整法定准备金率和再贴现率等货币市场的金融工具来实现促进经济增长、充分就业、降低通货膨胀和保持国际收支稳定等宏观经济目标。同样是为了应对金融危机，美国、日本等主要西方工业化国家先后出台了量化宽松的货币政策，通过增加货币供给来刺激经济。很快这些超发的货币就会通过对外贸易、海外投资等其他渠道迅速影响全球经济，导致全球范围内的货币供给的增加，进而形成严重的通货膨胀。特别是美国的几轮量化宽松政策，再加上美元国际货币的特殊地位，政策的外溢效应明显。这些国家只以自己国内经济增长为目标来制定货币政策，而不管相关政策是否会对其他国家产生"以邻为壑"的影响。因此，在历届二十国集团峰会上，一些受到"以邻为壑"的货币政策影响的国家，特别是新兴经济体不断地发声，要求重视国家之间的宏观经济政策的及时协调。

（3）汇率政策协调与国际货币体系改革。汇率一直以来就是国家之间争议较多的政策协调的议题之一。在国际社会中，并没有一个真正的超国家主权的组织存在。即使有这样的一个国际组织，国际社会的参与主体仍然是国家，国家在制定政策，特别是经济政策时都是从各自的利益诉求出发的，因此很难说哪个国家的经济政策一定是利他的。在当今社会，主流的汇率制度可以分为两大类：浮动汇率制度和固定汇率制度。目前主要的西方发达国家都是采用浮动汇率制度。浮动汇率制度是指该国的货币在国际市场上的供给和需求完全是由市场决定的，因此任何一笔对该国货币的买卖行为都会影响这个国家的汇率水平。仍然有一部分国家采用固定汇率制度，这些国家为了保证自己国家汇率的稳定就会动用央行的外汇储备来平抑汇率的波动。一些采用固定汇率制度的国家经常会被冠以外汇操控的帽子，因为只有在固定汇率制度下政府才能够控制汇率的变化。发达经济体国家通常认为采用固定汇率制度的国家人为地贬值本国货币，以在国际贸易中获取更多的顺差。客观上来说，浮动汇率制度和固定汇率制度各有利弊，每个国家的汇率制度的选择都是结合国家经济发展实际、再三权衡利弊后的决定。在二十国集团协调框架下，也多次提到汇率制度的协调及国际货币体系的改革等议题。很多的研究已经表明，国家之间的经济发展或者贸易不平衡的主要因素并不在汇率。在当今的国际货币制度下，通过改革和协调实现国家之间的权责平等可能是解决汇率制度分歧的有效途径。

（4）贸易政策协调。自从国家意识到可以通过彼此做贸易的方式各取所需和提高经济福利开始，贸易的好处和坏处一直被争论不休。自由贸易、贸易战、贸易自由化再到贸易保护主义，自由与保护这两种声音在国际贸易舞台上此消彼长。其实，自由贸易可以提高世界经济福利，有利于全球经济的发展这样的论断早已经被经济学家们所证实。但是，在面对眼前利益和长远利益的时候，那些政客们往往都是鼠目寸光。从关税与贸易总协定到世界贸易组织，从国际组织推动自由贸易再到二十国集团这样的非正式的协调机制提倡反对贸易保护主义、推动国际贸易的自由化。贸易政策的协调表面上看似简单，但是需要走的路却异常崎岖。

3. 二十国集团宏观经济政策协调的特点

通过梳理和归纳二十国集团在宏观经济政策协调议题的运行机制和协调内容，可以得出二十国集团宏观经济政策协调机制与其他的国际经济协调机制的不同之处，即相机性和非正式性。

（1）相机性。二十国集团的宏观经济政策的协调看似随意却因地制宜。二十国集团峰会的正式成立源于金融危机，但是并没有止于金融危机的结束。与其他的已有的国际组织的国际经济协调相比，二十国集团的经济政策协调更加灵活机动。面对全球性危机，二十国集团强调共同面对，全力实现经济复苏；面对不同的经济问题，通过领导人峰会等一系列相关的协调机制提出不同的政策主张。一年一届的领导人峰会在试图用机制化的全球主要经济体的首脑会晤来高效地协调当时当刻最受世界关注的经济问题。

（2）非正式性。二十国集团的宏观经济政策协调的非正式性是指二十国集团并没有像一些国际经济组织一样有固定的组织总部所在地和常设机构等。非正式的协调机制给二十国集团更多灵活的设置议题和安排日程的空间，同时也减少了维系常设机构等相关的人力、物力和财力成本。但是正因为这种非正式性，二十国集团的协调机制看似非常的脆弱。很多专家和学者担心二十国集团协调机制可能会因为某些特殊事件的发生而结束，从而无法实现机制化。更多的关于二十国集团协调机制的不足和担忧将会在2.4.2节进行详细论述。

2.4.2 二十国集团宏观经济政策国际协调机制的不足

自从二十国集团成立以来，他在全球治理及协调国际宏观经济政策方面的能力就一直被质疑。不可否认，二十国集团作为一个布雷顿森林体系下的非正式国际协调机制，在宏观经济政策的国际协调方面确实还做得不够，有很多的不足之处。从第4章对二十国集团的宏观经济政策国际协调效果的实证研究的结论来看，二十国集团与其他相对更加成熟的同样具有国际协调作用的正式或者非正式机构或组织相比，其国际协调的有效性相对较差。深究二十国集团的宏观经济政策国际协调机制的不足之处，主要表现在四个方面，即领导力、复杂性、有效性和合法性。

1. 领导力

无论是之前的财政部长和央行行长会议还是现在定期召开的成员方领导人峰会，对于二十国集团来说都缺乏一个核心的领导力。二十国集团成员方都是当今国际社会的重要经济体，而且在各自的地区乃至全球都具有影响力。成员方的领导人们在二十国集团框架内的协调和磋商都具有同等地位。而且二十国集团在决策时采用的是意见一致原则，也就是说只有所有的成员方都认为可以通过的议题才能被认可。没有具有权威性的领导人就无法实现多数通过即生效的少数服从多数原则，当然就更谈不上高效了。在二十国集团内部，也不会有哪个国家愿意为了某一议题的通过而承担更多的国际责任。因此，缺乏领导力的二十国集团在宏观经济政策的协调方面由于各国的根本出发点还是自己国家的利益不同，因此非正式的领导人峰会宣言或者倡议在某些关键时刻看起来与一张白纸毫无差别。

2. 复杂性

在学术界和国际社会上都有二十国集团"纯属多余"的观点。这些人认为，二十国集团的成员的数目太大，成分太复杂，而且制度安排太不正式。这样的观点其实不无道理，二十国集团内部包括 19 个正式的成员方和一个跨主权国家组织——欧盟，另外在历届二十国峰会上，主席国一般还会邀请一些如联合国、世界银行、国际货币基金组织等国际组织参会，还有一些非二十国集团成员方的国家领导人。而且在时间允许的情况下还会请这些国际组织和非成员方的领导人发言。每一次峰会的参与人员之多，代表的立场之复杂可见一斑。抛开其他的国际组织和非成员方不说，二十国集团内部正式的成员方的利益诉求千差万别，成员方主要可以分为由西方主要工业化国家为代表的发达国家和其他的经济正处于中高速发展的新兴发展中国家两类。在宏观经济政策的国际协调的议题上，由于发达国家和发展中国家国内经济结构、应对国际经济形势发展变化的反应不同及经济周期不同步，因此在国际货币体系改革、贸易自由化、汇率政策等问题上往往立场不同、利益冲突。另外，二十国集团领导人峰会在近些年有议题扩大化和复杂化的趋势。二十国集团由最初的财政部长和央行行长会议只关注经济发展和政策国际协调的议题到后来的领导人峰会开始将议题扩大到一些全球性发展问题，如能源、气候变化、反腐败甚至是有些议题存在被政治化的趋势。二十国集团也被赋予了更多的全球治理的任务和责任。这样，在原本就有限的时间里，这么多成员方和非成员方的参与，还要就一系列问题达成一致性意见，可见难度有多大，这也直接影响了二十国集团解决问题和进行国际协调的有效性。

3. 有效性

关于二十国集团的有效性的讨论有很多，而且角度各有不同。本节对二十国集团有效性讨论的出发点是宏观经济政策协调议题的设置和协调的效果。具体来说，将会结合第4章对二十国集团政策协调效果的实证研究结果，从二十国集团国际经济协调的机制和历次峰会之后是否有效解决了问题等方面探究二十国集团的有效性及原因。

第4章通过运用卢卡斯的经济波动的福利成本模型，将二十国集团成员方看成一个整体。如要使得二十国集团的宏观经济政策是有效的或者是可协调的，那么平抑二十国集团整体的经济波动所带来的福利的提升应该较大。这种大小一般情况下并没有一个绝对值，需要通过比较来判断。因此，在第4章还分别比较了二十国集团内部的发达国家和发展中国家、金融危机与金融危机之后、长期与短期以及二十国集团成员方分区域的宏观经济政策协调能够平抑的经济波动福利成本的大小。实证研究的结论表明，二十国集团中发达国家之间的协调效果较好，但是二十国集团整体的协调效果较差，特别是在后金融危机时期，世界主要经济体出现了经济周期非同步的特点，这一特点给短期的二十国集团的宏观经济政策协调带来了更大的困难。

除了实证的研究结论以外，通过认真梳理二十国集团自成立开始的峰会成果也可以发现，其对国家之间的宏观经济政策的协调效果也不是尽善尽美的。例如，众所周知，二十国集团的成立始于金融危机，二十国集团会议级别的提升同样始于金融危机。但事实却是"2007—2010 年的金融危机要比 1997—1999 年的金融危机的传播速度更快，波及范围更广，影响程度更深，爆发时间更同步，社会破坏力更强"①。同样的事实也证明了二十国集团的国际经济政策的协调效果较差。为了应对 2008 年全球性金融危机，会议被提升为领导人峰会之后，也未能防止 2010 年欧债危机的爆发。虽然二十国集团的作用并不是在于预测，更多的是一种相机性的协调机制，但是其事后协调的反应速度仍然很慢，在很多全球性危机的应对方面甚至晚于七国集团的财政部长和央行行长会议。

导致二十国集团与其他的国际组织相比协调的效果较差的原因是其非正式的运行机制。首先，二十国集团没有一个固定的常设机构，领导人峰会的倡议或者宣言也没有任何强制力和约束力。二十国集团的运作主要是依靠主席国和下设的协调人会议来实现的。每一次峰会要讨论的议题主要是由主席国来确定的，虽然有"三驾马车"机制，在一定程度上能够保证峰会的联系性。但是在本质上，议题的选择、协调程度的大小、宣言或者倡议的执行力等还是要靠每一个成员方的意愿。其次，二十国集团成员方皆属于主权国家，而且大部分是在全球范围内系统性重要的经济体。客观上来讲，每个国家的经济政策的制定和实施都是基于自己国家的核心利益，不会有任何一个国家将二十国集团或者其他国家的利益诉求作为自己国家行事的出发点。所以，二十国集团这种意见一致性的原则原本已经很难让这么多主权国家做出一致性的决策了，更何况这些国家都有着复杂多样的核心利益。最后，即使在二十国集团内部大部分国家愿意为了集体的利益而做出一部分让步或者牺牲，但当有任何一个国家破坏或者违背了共

---

① ［加拿大］约翰·J. 柯顿. 二十国集团与全球治理. 郭树勇，等译. 上海：上海人民出版社，2015：5.

同的决议时，这个集团的决议就再也不可能被遵守了，这就是"合作中的背叛"。二十国集团的非正式性，决定了不会有任何一部法律或者规则能够约束集团内部的成员方按照峰会的宣言来行事。这种"背叛"往往会起到示范效应，就是说只要在集团内部一个国家选择放弃峰会的决议，就会陆续有更多的国家也选择放弃。事实上，在二十国集团中的很多经济政策协调的议题中都出现了类似的现象。这种"背叛"在贸易自由化的政策协调方面表现得尤为突出。

4. 合法性

最后一个经常被讨论的二十国集团的不足之处就是他的合法性。对二十国集团合法性的质疑集中体现在他的代表性方面。一方面，二十国集团没有现成的明确标准，虽然他的成员方大部分是经济实力较强的主权国家，但是仍然有将近80%的国家被排除在外。认真研究二十国集团成员的构成，除了1个国际组织成员——欧盟之外，二十国集团的其他19个经济体成员在地理区位上遍及全球各大洲，其中亚洲6个、欧洲4个、北美洲3个、南美洲2个、欧亚交界2个、大洋洲1个、非洲1个，代表了全球64%的人口、90%的经济总量、80%的国际贸易总额，其中的发达国家经济体成员有9个，新兴经济体有11个，分别代表了经济强国和经济增长潜力较大的国家，但是唯独没有欠发达的国家参与其中。在国际社会中，无论国家大小和强弱，在处理国际事务问题上都应该是平等的，而且大部分的二十国集团领导人峰会议题是关乎全球的问题，任何一个国家都不能被排除在外。这种以二十国集团为代表的 $G(X)$ 协调机制越来越像是大国的"俱乐部"，缺失了更加广泛的代表性。另一方面，二十国集团协调机制的核心仍然是参与峰会的成员方领导人。在处理宏观经济政策的国际协调问题方面，更多的是以国家的利益为导向，而且有向政治化发展的趋势。不可否认，二十国集团的历届主席国都在不断地完善国家之间在各个层面上的交流和协作。例如，伴随着领导人峰会召开的有工商峰会

（B20）、青年峰会（Y20）、劳工峰会（L20）、民间社会峰会（C20）、智库峰会（T20）等，但是这些峰会被重视的程度以及这些峰会倡议能够被领导人峰会所采纳的有多少无从而知。在国际经济政策的协调问题上，除了主权国家以外，一个国家的贸易商、跨国公司、商界精英甚至是青年学生都有着不可替代的作用。在经济全球化背景下，国家之间的联系并不只是存在于高层之间，更多地已经渗透到国民经济的每一个单元和个体里。

2.5 本 章 小 结

本章以第二次世界大战后的国际经济协调实践为线索，以 2008 年全球性金融危机为界限，梳理了在金融危机之前的在发达经济体和新兴市场经济体经济周期相对同步时期的三种具有代表性的国际经济协调机制，即布雷顿森林体系下的宏观经济政策国际协调、以 G7 为代表的 $G(X)$ 宏观经济政策的国际协调和以欧元区为代表的区域宏观经济政策国际协调。本章的重点是回顾了二十国集团（G20）的成立、形成领导人峰会和在后金融危机时期的主要表现。二十国集团由当初应对全球性金融危机的临时集会升级为国际经济协调的重要机制。这意味着，国际经济协调的进一步深化，发达资本主义国家和发展中国家建立了共商平台，就全球经济的实质性问题对话与合作。

本章通过研究二十国集团宏观经济政策的国际协调的运行机制、协调的主要内容和协调机制的特点，提出二十国集团宏观经济政策协调机制在代表性、复杂性、有效性和合法性方面的不足之处，试图解释二十国集团宏观经济政策协调的内在原则、规则和原理。从内部运行机制来看，二十国集团虽然成立和发展了一段时间，但是该集团仍然在机制化方面存在一些不足之处，并且有更多的改进空间。人们往往将二十国集团与其他的正式并且相对成熟的国际机构或者组织进行比较，二者在参与国家的代表性、设立议题的复杂性、峰会决议的有效性等方面都存在明显的差距。但是二十国集团作为布雷顿森林体系下的非正式全球经济治理的最高级别的平台在解决全球性经济问题和协调国家之间的经济政策方面有着更好的灵活性和相机性。

与此同时，结合世界经济增长状况，本章定性地提出了在后金融危机时期，发达经济体和新兴市场经济体的复苏周期呈现出非同步性特征的大胆假设。为了确保学术研究的严谨性和科学性，本书将会在第 4 章就得出的宏观经济政策的非同步性的假设运用科学的方法进行定量论证。在定量论证中将会继续以二十国集团为例，以保证本书案例选取的一致性。

第3章 二十国集团宏观经济政策的国际协调理论分析

宏观经济政策的国际协调是指在各个国家或国际组织之间，以发达国家或国际经济组织为主体，就贸易政策、汇率政策、货币政策和财政政策等宏观经济政策进行磋商和协调，适当调整现行的经济政策或联合采取干预的政策行动，以缓解政策溢出效应和外部经济冲击对各国经济产生的不利影响，实现或维持世界经济均衡，促进各国经济稳定增长。不难看出，其本质是一个开放经济学的研究问题，但是在协调的过程中体现的主体之间的关系又离不开国际关系相关理论的支持。在国际关系理论中，相互依存理论、霸权稳定论和国际机制理论都有助于解释宏观经济政策国际协调的原因和发展路径。因此，本章将会从相互依存理论、霸权稳定论和国际机制理论出发，提出研究宏观经济政策协调效果的理论假设，进而引进和改造卢卡斯的福利经济模型，为进一步实证研究政策协调的效果建立数理模型。

3.1 宏观经济政策国际协调的国际关系理论

3.1.1 相互依存理论

相互依存理论和复合相互依存理论解释了国家间宏观经济政策国际协

调的主要动因，同时也被学界认为是国际政治经济学领域中把政治与经济结合得最完美的理论。最早提出相互依存理论的是美国的著名经济学家理查德·库珀（Richard Cooper）。库珀的研究主要集中于国家之间经济上的相互依存关系，他认为相互依存关系的存在使国际的政策合作成为必然，因此他的研究理论也被称作经济相互依存论。另外两位相互依存理论的代表人物是著名的国际政治学家罗伯特·基欧汉（Robert O Keohane）和约瑟夫·奈（Joseph S Nye），并且他们提出了复合相互依存理论。基欧汉和奈立足于从国际政治权力的角度研究国家之间经济上的相互依存关系，他们的研究在理论层次和研究内容与对象方面都有所深化。

1. 经济相互依存理论

库珀在他的《相互依存经济学：大西洋国家的经济政策》一书中提出"相互依存关系是指一国经济发展与国际经济发展之间的敏感反应关系"。库珀的经济相互依存理论主要包括三个方面的内容，即经济问题政治化、国际行为主体多元化和全球政治经济一体化。在经济问题政治化方面，经济上的相互依存关系的发展会威胁到国家主权的不可侵犯原则。国家之间的经济联系越来越紧密，特别是在第二次世界大战之后，伴随着经济全球化的浪潮，在发达国家之间的经济、贸易、资本流动、技术交流等经济活动越来越频繁，以至于一个国家如果不考虑其他国家的经济政策，就无法有效地制定出自己国家的经济政策。发达国家之间在经济结构、经济目标和经济手段上的相互依存导致国家逐渐丧失独立的政策制定的权利，从而威胁到国家主权的不可侵犯性。此外，国家之间经济的相互依存也打破了传统的"低级政治"和"高级政治"之分。传统的政治学研究认为，安全保障是"高级政治"，而经济问题是"低级政治"。然而，国家之间的相互依存使得国家安全与经济、国内市场与国际社会"你中有我、我中有你"，不可分割。之后，有很多政治学家对库珀的理论进行了发展。美国知名国际政治学家莫斯教授从美苏战略对峙的角度把相互依存关系从单一的经济上的相互影响和相互作用推进到政治战略上的相互影响和相互作用。莫斯认为，经济上的相互依存主要是经济政策上的相互依存。发达国家之间在经济上联系日益密切使得各国在设定和追求其主要经济目标时不能不考虑到其他国家的因素，进而使得提高国民的经济福利成为各国最主要的政治目标。无独有偶，莫斯的理论与博弈论的思想不谋而合，国家间的政治、外交和军事斗争由"零和博弈"转变为"双赢的博弈"。对于美苏两个阵营来说，谁使用武力并且强调冲突与敌对，谁的阵营内部必然会受到经济福利的损失，受到更大的损害。在国家行为主体多元化方面，因为国家间的相互依存属性的日益凸显，一些非国家行为体，如跨国公司和国际组织逐渐在国家间关系和国际社会上发挥更加重要的作用。所谓的国家行为主体是指有意愿且有能力参与国际活动和国际游戏规则制定，并且承担和实施相应义务和责任的行为体。跨国公司作为主要的非国家行为体，产生于19世纪六七十年代，并且在第二次世界大战后得到快速发展。跨国公司与主权国家相比具有一定的优势，主要体现在跨国公司掌握着最先进的工业技术，拥有巨大的经济和资本实力，可将国家之间的贸易行为内在化，在世界范围内享用最低成本和高质量的资源等。跨国公司除在全球经济中有重要的地位以外，在国际政治舞台中也扮演着十分活跃的角色。跨国公司开始逐渐涉及干涉别国内政，成为一国政府对他国政府施加影响的手段，以及影响国家间政治议事日程的设定等领域。跨国公司通过其特殊的地位，开始主导全球经济发展，传播一国的对外思想和文化理念，并且逐渐沦为一国政府外交政策的工具。在全球政治经济一体化方面，超国家关系论和全球共同体论成为全球政治经济一体化理论的两个重要组成部分。著名国际关系学者莫斯、基欧汉和奈提出的超国家关系理论是指以各国间相互依存关系加深为立足点，对国内政治国际化、国际政治国内化情况下非国家行为主体所进行的超越国界的各种活动及其后果进行的研究。他们认为，在国家间经济相互依存日益加深，国内外社会相互沟通的情况下，非国家行为主体已经结成了横跨国境、深入一切领域的网络。因此，国家已经无法独自制定和推行外交政策。政府间组织和非政府间组织之间在既合作又冲突的过程中逐渐成为国际社会中两个不可缺少的重要力量。全球共同体理论同样也是在经济相互依存的前提下，强调人们应该抛弃"民族国家主义"，转而树立"地球村"和"全球市民社会"的概念。在全球共同体理论下，国家的最优政策目标不仅仅是国内福利的最大化，而是通过不同行为体的相互作用和相互影响，把政策目标放大到全球福利的最大化。

经济相互依存理论虽然在一定程度上解释了国家行为主体通过经济活动推动了国家之间的相互影响和相互依赖性，但是该理论片面强调经济在相互依存实践中的重要作用，特别是贸易和投资的作用。不可否认一些非国家行为主体特别是跨国公司在经济全球化背景下对国家之间的相互依存性的实现产生的重大影响，但是在国际社会中，主要的行为主体仍然是主权国家。跨国公司的经济活动虽然是无国界的，但是跨国公司的所有权是有国籍的，没有主权国家的存在就不会有跨国公司的发展。另外，国家之间的经济活动，特别是贸易并不是一帆风顺的，一些国家之间的贸易摩擦和纠纷的案例时有发生。20 世纪 90 年代发起于东南亚的亚洲金融危机也证明了国家之间资本的异常变动会危及区域经济的稳定，乃至整个全球经济的发展。经济相互依存在现实社会中的存在不可否认，对其的认识与评价也需要更加客观。

2. 复合相互依存理论

基欧汉和奈提出的复合相互依存理论是对经济相互依存的政治分析，其核心是探讨国际关系中经济上的相互依存性与政治权力上的相互竞争性之间的关系，其基本观点是民族国家应该尽可能对国家之间的经济相互依存关系进行引导和管理，国家政治上的差异是国际政治权利的基础，国际政治权利来源于国际经济相互依存的深化。基欧汉和奈根据付出代价的不同将相互依存分为三种类型，即均等相互依存、绝对相互依存和不对称相互依存。在两个实力相近的国家之间存在的相互依存是均等相互依存，在两个实力悬殊很大的国家之间，实力弱的国家完全依附于实力强的国家，是绝对相互依存。然而，在现实国际关系中，均等相互依存和绝对相互依存都是比较少的特殊案例，绝大多数的是不对称相互依存，即一国在总体上离不开某个大国，但是在某些方面可以与大国抗衡。区分是何种相互依存关系的关键在于一个行为主体对另一个行为主体的敏感性和脆弱性的大小。"敏感性指的是在某种政策框架内所做反应的程度，即一国发生的变化导致另一国发生变化速度的快慢和付出代价的大小。"脆弱性是指"每个国家试图改变政策以减少外部条件强迫所付出的代价"，"做出这种政策变化代价的大小和承受这种代价的政治意志就是衡量脆弱性的标准"。换句话说，敏感性可以用来解释相互依存中的问题和毛病，而脆弱性是制定连续并且明确的外交政策的基础。不对称相互依存关系将会导致敏感性和脆弱性的不同，其决定了不同国家在同一种相互依存情况下的获利能力和获利程度，从而使一些国家获得了迫使另一些国家做该国不愿意做的事情的能力。那么在不对称相互依存理论中强国与弱国的经济差异是如何转化成国际政治权利的呢？主要的转化渠道和方式包括联系战略、议题的设置、跨国及跨政府关系和国际组织。其中，国际组织在把经济差异转化成国际政治权利方面的作用最为突出。首先，国际组织在议题的设置和确定方面有着巨大的优势；其次，国际组织可以成为弱国进行联盟和集中力量发声的最主要的场所；最后，像七国集团、金砖机制和二十国集团等类型的国际组织可以把各国领导人汇聚起来，利用最高级别协商的方式，集中高效地解决世界政治和经济热点问题。

复合相互依存理论的提出大大扩展了经济相互依存理论的外延和内涵，将经济的相互依存成功地扩展到国际政治领域。基欧汉和奈摒弃了"国家是唯一国际行为主体"的主张，重视对在各层次参与国际事务的各种行为体的研究，对国际制度和国际组织在世界政治中的作用进行了肯定的分析。相互依存理论的提出对国际政治经济学理论的发展起到了重要作用。在相互依存理论的引导下，国际组织包括政府间和非政府间、国际机制和国际惯例与协定不断发展。多种行为主体参与的全球治理在国际政治领域也逐渐成为重要的议题和新的研究方向。

3.1.2 从霸权稳定论到后霸权合作论

1. 霸权稳定论

霸权稳定论是随着美国在国际社会中的地位和作用日益凸显而产生的理论。它不仅是美国外交政策的主导思想，也是国际政治经济学的核心理论。这个理论系统的发展大概可以分成两个阶段，即早期的"霸权稳定论"和后期的"后霸权合作论"。霸权稳定论的理论来源是国际公共产品理论。公共产品理论是公共部门经济学的经典理论。该理论把所有的产品按照是否具有竞争性和排他性分成四类：私人产品、公共产品、自然垄断产品和公共资源。竞争性是指消费者的增加既会引起成本的增加，也会引起该产品的短缺；排他性是指某人消费公共产品时会排除其他人的消费。公共产品就是一种既没有竞争性也没有排他性的产品。正因为公共产品既没有竞争性也没有排他性的特点，私人部门不愿意提供公共产品，因为公共产品没有办法避免"搭便车"的行为发生。所谓的"搭便车"是指在享受公共物品带来的收益或者好处的同时不需要为此付出成本。公共产品理论应用到国际社会中就形成了国际公共产品理论。金德尔伯格及奥尔森对于国际公共产品有以下界定：与国内自由经济制度相对应，国际上也应该有一个保证国际经济交往的自由贸易体制，如国际金融货币制度、国际自由贸易制度、国际宏观经济政策的协调机制等；与国内的国防和治安相对应的国际安全保障体制；与国内社会保障体系相对应的国际经济援助体制。国际公共产品也因为其既不具有竞争性也不具有排他性的特点而使得各国不愿意提供国际公共产品。那么，国际公共产品应该由哪些国家提供呢？答案应该是霸权国家，"因为只有对国际公共产品有最大偏好的国家，才会在自我利益最大化前提下提供公共产品全额成本费用"。一个国家想要实现稳定的霸权，就需要保持一定的公共产品的成本支出，保证国际公共产品的供应，从而使得主要国家愿意维持与霸权国家之间的现有状态，实现国际秩序的可协调。如果霸权国家成本收益发生逆转而导致其经济剩余丧失殆尽，则霸权国家不得不中断公共产品的供给，从而引起国际秩序的崩溃。霸权稳定论的主要观点包括：第一，霸权的缺失会造成世界政治经济的不稳定；第二，只有霸权才能造就世界政治经济的稳定；第三，霸权国家因国际公共产品的提供而陷入自我损耗的困境；第四，在边际成本递增、边际收益递减规律的作用下，霸权必然衰弱，新的霸权国家将可能以战争形式取而代之；简言之，无霸则乱，有霸才稳，霸主自耗，霸权必衰。霸权必衰是霸权国家的必然最终归宿，吉尔平等国际关系学者提出了霸权必衰的原因。首先，从市场机制的角度分析，霸权是建立在霸权国家强大并且无法被超越的军事、经济和科技实力上的。但是由于一个国家的硬实力会受到很多因素的影响和限制，所以这些实力从长期来看是很难维持的。其次，从成本收益的角度分析，为了维持霸权，霸权国家就要不断地提供国际公共产品，这样会增加霸权国家的成本，造成其经济剩余与福利逐渐减少甚至是消耗殆尽。相反，霸权国家通过维持霸权所获得的收益足够大的时候，随着维持霸权资源的投入的增加，霸权的收益会符合经济学上的边际收益递减法则而下降。当维持霸权的边际成本高于霸权带来的边际收益，霸权就会衰弱。最后，国际社会中的其他国家"搭便车"霸权国家也是导致霸权衰弱的原因之一。霸权国家需要长时间为保证国际公共产品的充分供应而付出远远超出其应承担的成本。搭便车者一方面从经济上加重了国际公共产品的成本负担，削弱了霸权国家的实力，另一方面又从道德和信心上使霸权国家受挫和沮丧，最终使霸权国家失去为国际社会提供自由经济体制的意愿和动力。

2. 后霸权合作论

"霸权必衰"是霸权稳定论得出的基本规律之一。那么在霸权衰弱之后或者霸权国家相对实力下降的时候，没有霸权的国际社会又将会靠什么来运作，是否会继续保持稳定？罗伯特·基欧汉在对霸权稳定论进行系统批判和修正的基础上提出了后霸权合作论，也称为后霸权主义。基欧汉认为，在没有霸权的情况下国家之间的合作是困难的，但并不是不可实现的。首先，国家之间存在着相互的利益关系。这种利益关系的合作对于合作的参与国来说具有潜在的价值，使得霸权之后的国际合作是有可能的；其次，以追求国家利益最大化为目标的国家的对外政策的制定并不能说明在国际社会无政府状态的情况下，矛盾和冲突就是普遍存在的。因此，在霸权国家霸权逐渐衰弱之后，合作将会成为后霸权时期主要的国际社会运行机制。基欧汉提出国际机制是在霸权之后促进国际合作的主要方式。在《霸权之后：世界政治经济中的合作与纷争》一书中，基欧汉采用了克莱斯纳概括总结的国际机制的定义。国际机制是指"在国际关系中的特定领域中，因行为主体的期盼而产生的一系列明示或暗含的原则、规范、规则和决策过程"。合作虽然会存在一定程度的利益冲突，但是国际机制可以通过建立明确的法律责任、提供完全的信息来减少不确定性，以及采用降低交易成本的方式克服国际政治中的"市场失灵"现象。后霸权合作论的核心是通过多国间的合作而形成的国际制度来维持国际秩序，也就是用国际制度取代霸权。其政策含义在于，在后霸权时代，美国应该积极参与旧制度的修补和新制度的建设以确保国际影响力。后霸权合作论要求有关国家按照协调一致的原则维持国际秩序，将政策协调和利害的连续微调作为基本手段，各国分散负责国际公共产品的供给。多国家参与到交涉和协调中，并且需要更长期的实践完成利害的调整，虽然最后的交涉和协调的结果的可预测性较低，但是在外交政策制定方面更具有实质性。后霸权合作的体制可能带来国家之间较多的摩擦，但是体制巨变的可能性更小，最终带来结构性的稳定。虽然霸权稳定论和后霸权合作论并不是完美无缺的理论，如该理论分析的基本单位是国家，没有考虑到非国家行为主体；在后霸权时代的讨论过程中主观地设定国际机制所发挥的作用一定是积极的，忽略了机制的负面作用和机制也会出现"市场失灵"的状况；而且从现实情况出发，基欧汉也夸大了国际机制的现实作用，因为在目前的某些国际政治领域如传统安全领域，国际机制能够发挥的积极作用仍然是十分有限的。但是，基欧汉提出的后霸权合作论对于当今多极化的国际社会来说还是有着积极意义的。他的理论为国际社会解决一些非传统议题提供了在全球治理层面上的指导思想和政策方案。

3.1.3 国际机制理论

以二十国集团等国际组织为依托的宏观经济政策国际协调在本质上属于一种国际机制。根据国际机制的经典定义，国际机制应该具备三个要素：共同的国际行动模式，协调国际关系的原则、准则和决策程序，以及限制在某一特定的问题领域①。二十国集团的宏观经济政策的国际协调，首先属于一种国际行动，其次针对各国制定的宏观经济政策进行了有序的协调，最后宏观经济政策协调属于全球经济治理议题下的一个重要的也是特定的领域。因此，国际机制理论为研究二十国集团宏观经济政策的国际协调提供了理论依据和假设。

1. 国际机制理论的渊源和发展历程

国际机制理论始于 20 世纪 70 年代中期，最早是由美国学者提出的。在这一时期，由美国学者提出这一理论有其历史的必然性。第二次世界大战之后，美国凭借其独特的地位迅速成为全球最强大的国家。但是，20

---

① 倪世雄. 当代西方国际关系理论［M］. 上海：复旦大学出版社，2001：360.

世纪 70 年代前后，世界格局发生了一系列的变化。西欧和日本因为受到美国第二次世界大战后马歇尔计划的扶持，国家的经济实力得以恢复并且独立性提升；同样是第二次世界大战战胜国的苏联，其自身的军事实力和国际地位不断提升，成为唯一可以跟美国抗衡的又一超级大国；第三世界国家通过寻求独立自主和开放的外交和经济政策逐渐崛起，成为世界舞台上重要的一极；以中东地区主要产油国为主成立的石油输出国组织，通过垄断世界石油供给，给发达的工业化国家带来巨大的冲击。这些世界局势的变化都让美国开始意识到其霸权地位正在受到前所未有的挑战。美国开始思考一旦自己的霸权地位丧失，那么构建怎样的一个国际机制才能够使美国在国际社会中的利益得以保障尤为重要。20 世纪 90 年代初，苏联解体和东欧剧变，世界格局发生了进一步的深层次变化。一超多强的世界格局很快就被多极化的发展趋势所改变，很多现实的问题和表象让美国及一些其他国家意识到构建国际机制的重要性和迫切性。首先，军事因素在国际政治中的影响力在下降。国际冲突的主要表现形式由战争或者战争威胁向经济竞争转变。其次，高科技技术迅猛发展，经济全球化和区域经济一体化成为世界主要潮流。科技进步促进国际贸易、国际金融和国际生产的发展。在全球表现为国家之间联系的日益紧密，在区域表现为欧洲经济一体化、北美自由贸易区的形成和亚太经济合作组织的建立等。在两种潮流的共同作用下，国家之间的相互依赖性不断加强，各国对于管理、协调彼此间合作、交往的要求也相应提高，这些无疑为国际机制的发展提供了机遇。最后，伴随着世界经济的发展，一些全球性问题日益突出。环境污染、粮食短缺、毒品交易、恐怖主义、卫生疾病问题等大大小小的全球性问题的解决对于世界各国而言都迫在眉睫。全球性问题必然需要全球合作解决，实施封闭政策，想要独善其身已经是不可能的，仍然抱有零和博弈的思维只能带来两败俱伤的后果，因此国际机制的作用不容忽视。

国际机制理论在将近半个世纪的时间内主要经历了三个阶段，即初创期、发展期和深化期①。初始期是从 1975 年恩斯特·哈斯（Ernst Hass）与约翰·鲁杰（John Ruggie）正式提出国际机制的概念至 1982 年洛杉矶及帕尔姆斯普林斯国际研讨会的主要论文发表。在这一阶段国际机制理论发展过程中最突出的成果是其定义得到最广泛的接受。这一时期的代表人物和代表作品包括鲁杰的《对技术的国际回应：概念与趋势》、哈斯的《是否有漏洞？知识、技术、相互依存以及国际机制的构建》和《论系统与国际机制》、基欧汉和奈的《权利与相互依赖》以及奥兰·扬和斯蒂芬·克拉斯纳关于国际机制主题的论文。这一阶段研究的基本特点是：首先，国际机制的概念被正式提出。其次，对国际机制的研究缺乏系统性和全面性。这一阶段的研究对国际机制的基本概念、研究方法等缺乏清晰和系统的认识，同时对国际机制进行检验的范围还比较狭窄，如没有涉及安全等重要领域的机制。最后，在宏理论②方面，除了哈斯的论文《论系统与国际机制》以外很少涉及对该理论的阐述。

发展期是从 1982 年《国际组织》杂志"国际机制"专辑发表至 1988 年基欧汉发表了题为《国际制度：两种方法》的著名演说。这一时期的代表人物和代表作品包括：1982 年"国际机制"专辑包括的十二篇重要论文，其集中体现了 1980 年 10 月和 1981 年 2 月分别于洛杉矶和帕尔姆斯普林斯召开的国际研讨会的成果；1984 年基欧汉的《霸权之后——世界政治经济中的合作与冲突》、1988 年的著名演说《国际制度：两种方法》和 1989 年出版的《国际制度与国家权力》以及 1987 年哈格德和西蒙斯的综述性论文《国际机制理论》。这一阶段研究的基本特点是：首先，国际机制研究的系统性、全面性程度大为提高。国际机制的研究逐渐发展出一套系统的研究范式，并且其经验研究也扩展到国际社会的各个领域。其次，结构主义、理性主义成为国际机制研究的宏理论基础。最后，

---

① 王杰. 国际机制论 [M]. 北京：新华出版社，2002：73.
② Wendt, Alexander. Bridging the Theory. Meta – Theory Gap in International Relations [J]. *Review of International Studies*, 1991（10）：383.

结构现实主义与自由制度主义的理论成为国际机制研究中主要的流派。

深化期从1988年基欧汉演讲至今。随着建构主义理论在国际机制研究中的应用与发展，在这一阶段建构主义、结构现实主义与自由制度主义的争论构成了国际机制理论研究的基本内容①。这一阶段的代表人物和代表作品包括：1992年彼得·哈斯为《国际组织》编辑的"知识、权利与国际政策协调"，利特伯格等编著的《机制理论与国际关系》《国际机制理论》和《东西方政治中的国际机制》，列维和奥兰·扬等合著的《国际机制研究》，奥兰·扬编著的《国际合作：建设自然资源与环境机制》等。这一阶段的基本特点是：首先，国际机制研究的宏理论基础在方法论和本体论上都突破了结构主义的限制；其次，建构主义理论打破了结构现实主义和自由制度主义对国际机制理论的垄断地位，并且得到迅速发展；最后，随着欧洲区域经济一体化的发展和欧洲经济的崛起，以利特伯格为代表的欧洲学者打破了长久以来由美国学者对国际机制研究的垄断，并且成为国际机制研究的重要力量。

2. 国际机制理论的主要流派

本节结合克拉斯纳对于国际机制理论流派的分类和国际机制研究的新发展，将从传统结构主义派、修正结构主义派、克劳秀斯主义派和建构主义派来阐释国际机制研究的主要主张。

（1）传统结构主义。传统结构主义派的代表人物是苏珊·斯特兰奇。她对国际机制这一概念的价值持保留态度，认为国际机制对国家行为的影响极微②。传统结构主义是国际机制的反对派，并且以苏珊·斯特兰奇为代表的传统结构主义派学者对国际机制这一概念曾提出过尖锐的批评。他们认为，第一，国际机制概念是一种"学术时髦"，充满了主观臆测；第二，国际机制所用的术语不精确，容易混淆政治与经济关系；第三，国际

---

① 王杰. 国际机制论 [M]. 北京：新华出版社，2002：75.
② Stephen Krasner. *International Regimes* [M]. Ithaca：Cornell University Press，1983：6.

机制具有价值观上的偏见，强调最强有力的机制参与者的作用，实际上是一种以美国为中心的非领土扩张的帝国主义理论；第四，过于强调静态分析，忽视国际关系变化的动态分析①。传统结构主义被视为将国际机制作为中介因素，使得基本的动因变数直接产生对有关行为和结果的影响。然而，在传统结构主义者眼中，国际机制的中介作用并不大，甚至动因可以不通过机制的作用就可以直接与结果发生关系。

（2）修正结构主义。修正结构主义派的代表人物是罗伯特·基欧汉和亚瑟·斯坦恩。他们认为：第一，国际机制并不是无处不在的，强调在各个主权国家都最大限度地追求权力和利益的情况下，机制只能在某些利益可妥协的领域产生，机制的作用是协调国家行为，以在特定的问题领域获得预想的结果②。第二，可产生机制的特定问题领域是很有限的，而且形成的时间也较长。在某些情况下国际机制的作用可以增强，如复合相互依存，但是这一过程仍然是极其缓慢和困难的。第三，国际机制的发展不会根本改变国际体系的组织原则，也不会改变国际社会的无政府状态和破坏国家主权。相反，现有的无政府状态和国家主权将会随着国际机制的逐步建立和运转而发生变化，最终促使国际社会形成一种更加有序的状态。

（3）克劳秀斯主义。克劳秀斯主义派的代表人物是雷蒙·霍普金斯、唐纳德·柏契拉和奥伦·扬。他们认为，第一，国际机制无处不在，这是国际体系发展的一个新现象。机制存在于国际关系的所有领域，甚至存在于那些传统上被视为完全无政府状态的领域③。国际机制与相互依存一样不仅会导致合作，也会在一定条件下导致冲突。第二，均势并不是由主权国家组成的国际体系的唯一限制。国际机制的形成使得主权国家之间会受到超主权国家的原则、准则和规则的限制，国家在支配超越国界的行为和维持对国际体系各方面的控制力上是有限的。国家安全和武力竞争并不是

---

① 倪世雄. 当代西方国际关系理论 [M]. 上海：复旦大学出版社，2001：370.
② Stephen Krasner, *International Regimes* [M]. Ithaca：Cornell University Press, 1983：7.
③ Stephen Krasner, *International Regimes* [M]. Ithaca：Cornell University Press, 1983：8.

国际机制中的主权国家的唯一追求和实现途径。他们同时认为，相互依存趋势是比均势更重要的限制因素。第三，国际机制是一种理想主义的未来世界模式，它的起步是将理想主义与现实主义结合起来。国际机制的实现将会对今后的世界秩序的建立、调整和加强起到积极作用①。

（4）建构主义。建构主义（Constructivism）是一种产生于20世纪80年代并且活跃于90年代的西方国际关系理论。该理论批评新现实主义的理性原则，主张应用社会学视角看待世界政治，注重国际关系中所存在的社会规范结构而不是经济物质结构，强调机构、规则和认同在国家行为及利益形成过程中所具有的重要作用，指出行为体与体系结构之间存在着互动依赖关系②。建构主义派认为：第一，他们注重价值观、规范等主观性因素在国际机制形成、发展中的作用。在不同的文化中价值观、规范与实践是不同的，这种不同将会影响制度安排的效率，而关于固定偏好的假设则会误导人类制度的一些主要变化③。第二，他们强调制度常常不是被人们有意创造出来的，而是从一个远非深思熟虑的过程中形成的。因此，效用最大化的假设不仅不能解释国际机制产生的原因，而且也不能使我们深入理解不同文化与政治体系中的制度安排的变化。第三，建构主义的国际机制理论考虑了国家与国家利益的认同问题。该理论同意自由制度主义的国际机制理论关于国际机制作为国际政治权利结构之外的因素对国际社会发展和国家政策、行为的确定独立发挥作用的基本观点，但在国际机制生产、发展的基本动因、过程，国家及国家利益的认同与确定，国际政治系统结构与国家行为体的互动关系等重大问题上又与之存在重大的分歧④。

---

① 倪世雄. 当代西方国际关系理论［M］. 上海：复旦大学出版社，2001：369.
② 倪世雄. 当代西方国际关系理论［M］. 上海：复旦大学出版社，2001：220.
③ Robert Keohane. International institutions：Two Approaches［J］. *Interanational Studies Quarterly*，1988，32（4）：297-299.
④ 王杰. 国际机制论［M］. 北京：新华出版社，2002：91.

3. 国际机制理论的评价与局限性

（1）评价。自 20 世纪 80 年代以来，随着国际经济和政治形势的变化，国际机制理论得到迅速发展。国际机制理论关于国际社会秩序、稳定的观点，关于增强第三世界国家的国际地位、缓解南北矛盾的看法，以及关于实施国际关系平等原则的主张，都有一定的积极意义[①]。国际机制理论的重要性已经被很多研究结果所肯定。首先，国际机制是介于目标、利益目标与行为之间的联系机制，构成国际机制的原则、准则与规则应符合国际道德或国际法的要求。一方面，国际机制以共有准则为前提，和追求国家利益是一致的，促使国际关系行为者在集体的名义下更容易实现利益；另一方面，国际机制内占支配地位的强国总是最有发言权，国际机制的基本准则首先要与强国的价值标准、原则、目标、决策程序相一致。其次，国际机制的性质在一定程度上取决于机制管理体制的性质，非正式机制构成了国际机制理论的主体。再次，国际机制的有效性和合法性一直以来都是国际机制理论研究的重点内容，其中国际机制的有效性主要取决于参与者接受并遵守机制准则的程度。最后，在国际关系中权利与利益密切相关，因此大多数国际机制的变化源于国际权利结构和各国利益关系的变化。

（2）局限性。当然，现今的国际机制理论研究仍然存在一些问题。首先，国际机制的研究不应仅停留在概念本身，应该更多地讨论国际机制如何建立，建立后为谁服务。其次，西方国际机制理论只是强调以美国为中心，以符合美国及其盟国的利益为原则，强调以西方价值标准为准绳。很大程度上，国际机制理论为美国的战略决策提供了理论依据。再次，从研究方法论的角度来看，国际机制中的结构研究注重的是国际关系行为体的交往过程在权利关系格局的影响下受到的外在限制。在国际机制研究

---

① 倪世雄. 当代西方国际关系理论［M］. 上海：复旦大学出版社，2001：374.

中，往往不能够有效地整合结构分析和过程分析两种方法论，因此也就不能把握国际机制的全貌。最后，国际机制的相关研究明显地存在重形式轻内容的缺陷。如传统结构主义理论反对国际机制理论的观点一直存在，常常认为国际机制理论没有实质性内容和意义，认为国家才是世界政治的唯一真实主体。

4. 宏观经济政策协调的国际机制理论假设

目前关于国际机制的概念被引用最多和最经典的：一是，国际机制是指在某一特定问题领域组织和协调国际关系的原则、准则、规则和决策程序；二是，国际机制是国际行为的机制化；三是，国际机制是国家间的多边协议，目的是协调某一问题领域的国际行为。从这三个权威定义来看，以二十国集团为代表的宏观经济政策协调首先是在经济政策协调领域协调成员方之间的关系；其次，以二十国集团为代表的宏观经济政策协调机制通过领导人宣言、峰会公报和共同行动等方式规定了二十国集团内部协调的原则、准则、规则，甚至是决策程序；最后，以二十国集团为代表的宏观经济政策协调是一个囊括了 19 个世界上重要经济体国家和一个区域性国际组织即欧盟的多边协调机制。从机制类别上来看，以二十国集团为代表的宏观经济政策协调目前仍属于非正式机制，因为该机制只是参与者即集团内部成员方之间签订的"君子协定"，它并没有被国际组织或机构正式认可并监督实施。

本节在国际机制理论的框架下，验证和分析以二十国集团为代表的国际组织在宏观经济政策协调领域的机制化程度。基于对国际机制概念的界定、性质的判断和相关理论流派的梳理，现从二十国集团宏观经济政策机制的视角对本书的国际关系理论研究作出以下假设。

（1）中国和美国分别作为机制内两个最大的发展中国家和发达国家，两国宏观经济政策协调的意愿和效果非常重要。

（2）从国际机制协调的共同目的来看，全球金融危机时期主要国家更容易寻求宏观经济政策协调的共同目标，因此与后金融危机时期相比，其宏观经济政策的协调效果会更好。

（3）从时间维度上看，非正式国际机制的长期协调和运作会促进机制内部原则、准则或规则的制定和完善，因此主要国家之间的宏观经济政策长期协调将会比短期协调的效果好。

（4）与非正式协调机制相比，正式协调机制在接受和遵守机制准则方面具有一定的强制力，因此世界主要国家所在的其他非正式国际机制与欧洲国家形成的跨主权国家高度一体化的正式国际机制——欧盟相比，在宏观经济政策的协调方面将会表现出较差的效果。

（5）作为非正式国际机制，大部分的现有的协调机制将会在很大程度上受到占有支配地位的共同利益的影响，因此在协调过程中，经济发展程度相似的国家的利益共同点更容易找到和实现，所以与发展中国家之间相比，发达国家之间的协调效果将会更好。

3.2　宏观经济政策国际协调的经济学分析

从经济学的角度来看，宏观经济政策的国际协调可以看作福利经济学中卢卡斯（Lucas）提出的衡量一国宏观经济政策的福利成本方法在国际经济关系领域的新应用。因此，本节将从卢卡斯经济周期波动效用函数出发，通过修正和改良该函数，提出本书研究二十国集团宏观经济政策国际协调效果的经济学分析框架。

3.2.1　宏观经济政策国际协调的福利经济学应用

卢卡斯在《预期与货币中性》一文中最先提出了一个货币经济周期模型，并在后来的一系列文章中对该模型做了一些扩展和补充。经济周期理论是宏观经济学中分歧最大的一个领域。形成经济周期的根源是什么，经济周期的性质即经济周期是外生的还是内生的，对这些问题，不同的学派有不同的理解。货币经济周期学派和新凯恩斯主义经济学派都认为，经济周期的根源在于需求方面，实际经济周期学派则认为供给冲击特别是生产率冲击是造成经济波动的根本原因。关于经济周期是外生的还是内生的这个问题，新凯恩斯主义经济学派认为，经济波动是由经济的内生力量决定的，经济具有内在的不稳定性。货币经济周期学派和实际经济周期学派则认为，经济本身是稳定的，产出波动是外生冲击造成的结果。卢卡斯在《预期与货币中性》一文中最先提出了一个考察菲利普斯曲线的市场均衡分析框架。在卢卡斯之前，弗雷德曼和菲尔普斯曾分别指出产出与通货膨胀二者之间不存在长期的替代关系，货币政策不具有长期的产出效应。但由于他们采用的是适应性预期假定，因此他们认为二者在短期内存在替代关系。卢卡斯发展了他们的观点，认为在理性预期条件下，二者即使在短期也不存在稳定的替代关系。

为了理解不完全信息的作用，先考虑完全信息条件下市场的均衡。假定年轻人知道在他的隔离市场上卖者的数量即同龄人的数目，由于在每个市场上的现期名义需求相同，年轻人可以根据他所处市场上的名义价格推断出两个市场的相对价格。假设他所在"岛屿"的产品价格相对较低，则意味着该"岛"的预期通货膨胀率相对较高，因为他在下期将购买商品的预期价格与年轻人的现期配置无关。假定替代效应占优势，则该"岛"每个年轻人供给的劳动相对较少，从而使该"岛"的产品价格上升。类似的分析表明，如果不存在货币供给增长的随机性，则货币量的波动也不影响实际产出。在完全信息条件下产出与通货膨胀之间没有关系。现在假设信息是不完全的，根据市场出清假设，每个市场上的价格取决于供给与需求的相互作用。当供给者发现名义价格较高时，他无法确定价格高是由于卖者少（第一种随机性）还是由于货币增长率高（第二种随机性）。他们的最优估计是，实际价格是名义价格的递增函数。这对两个市场都适用。因而在不完全信息条件下，货币量的快速增长既产生通货膨胀又产生高产出，菲利普斯曲线是存在的，但它并不能为政策制定者所用。

在卢卡斯看来，周期产生的根源在于外生的货币冲击，周期的传导机制是信息不完全。该模型的缺陷在于，由于模型假设经济时刻处于均衡状态，因此货币冲击造成的产出波动的持续时间将非常短，从而不能解释就业和产出的持续波动。为此，卢卡斯在《一个经济周期的均衡模型》一文中，引入了信息滞后和实物资本两个因素，对初始冲击的持续影响做了进一步的解释。信息滞后说认为，即使是过去的相关信息也不能完全为人们所了解，从而人们不可能做出正确的预期，这样波动就会持续存在。现在，信息滞后说已成为货币经济周期理论的标准解释。在经济学上，宏观经济政策（包括货币政策和财政政策）的首要目标就是平抑经济的波动。特别是在全球性金融危机发生的时候，更需要各国政府制定积极主动的宏观经济政策来刺激经济发展。然而，宏观经济政策的实施在多大程度上能够起到平抑经济波动的作用呢？一直以来，没有人能够给出准确科学的结论。为了论证宏观经济政策的"政策无效性"，新古典经济学从社会福利的角度分析经济波动问题，并且首次提出了经济波动的福利成本这一学术议题。其主要思想就是通过估计经济波动造成的福利损失，可以得出宏观经济政策将能够达到的福利上限。1987 年，著名经济学家卢卡斯开创性地为经济波动的福利损失课题提供了一个福利经济学的研究框架，给出了分析这一问题的基准模型。卢卡斯的基准模型用一个无限生存代表个体的跨期效用来度量社会福利水平，这一个跨期效用具有相对风险规避系数不变的偏好特点，因此写成 CRRA 形式。该模型的跨期效用函数的自变量是每期的消费水平，而消费又被直接设定为一个均值，即一个固定增长率增长的随机形式。这样经济波动就可以通过消费的波动项和个体的风险态度影响个体效用水平，从而影响社会福利。同时，为了量化经济波动的福利成本，卢卡斯在模型中还定义了福利损失的指标。他比较了两种情况下的社会福利水平，一种情况是存在经济波动，假设每期的个体消费水平比现实消费增加某个倍数；另一种情况是假设完全不存在经济波动，此时个体消费水平等于现实消费去除波动后的趋势项。最后，以上两种情况下的社会福利水平无差异，通过列等式并且求出该倍数，就可以得出经济波动的福利损失指标。通过观察该指标的大小，便可以得出宏观经济政策对于平抑经济波动的作用的大小①。卢卡斯研究的相关思路和推导框架将会在3.2.2节详细展示和说明。卢卡斯的研究结果表明，抹平经济波动的潜在福利收益大致相当于在消费者未来无限生命期内每年只增加0.1%的消费数量②。这说明，宏观经济政策的潜在福利价值相当有限，并且使用任何高明的宏观经济政策来抹平经济波动都不会使经济达到理想的平稳运行的状态，也不会有效提升社会福利水平，进一步改进货币政策并不可取，进一步稳定经济运行也已经不是当务之急。但是，随着研究角度和分析技术及经验数据的不断更新和发展，后来的研究者也对卢卡斯的研究结论提出了更多的质疑，这些研究者通过修正和改变研究方法和视角提出了很多不同的想法和论断。不同的研究方法和角度也将会在3.2.2节进行进一步论述。

受到卢卡斯宏观经济政策福利成本研究的启发，本书在研究宏观经济政策的国际协调上也引入了福利成本的研究方法。虽然宏观经济政策的国际协调并不是简单地论证某一国的经济政策的效用，而是要研究国家之间经济政策的协调与否，但是在本质上都要得出宏观经济政策对于经济波动的平抑作用的大小。也就是说，如果两个国家或几个国家之间福利成本相加之后总体的福利成本过高，那就可以说明这两个国家或几个国家之间宏观经济政策的协调效果较差。反之，如果总体的福利成本处于较低水平，甚至低于各自国家自己的经济波动的福利成本，那就说明宏观经济政策的国际协调的效果更好，并且更有价值。

---

① 张耿，杨力. 货币政策的边界：经济波动福利成本 [J]. 上海金融，2010：34-35.
② 丁志帆，孙根紧. 经济波动福利成本研究述评与展望 [J]. 经济评论，2012：142.

3.2.2　宏观经济政策国际协调的效用函数与理论建模

卢卡斯最早利用第二次世界大战后美国居民实际消费数据，基于消费的效用函数，对经济波动的社会福利效应进行了定量测算，开创性地发展了计算经济波动福利成本的定量模型。他的基本思想是：由于行为人的偏好存在风险规避的特点，经济波动加剧意味着消费的不确定性增长，这会降低行为人的效用水平，从而损害社会福利，这是经济波动对社会福利的基本影响机制[①]。卢卡斯将抹平经济波动的后果设定为在现实的消费时间序列中去除了波动项，通过对比计算行为人在抹平经济波动前后的效用水平，就可得到经济波动的福利成本指标。卢卡斯的量化结论主要依赖于两个重要参数：一是相对风险规避系数（RRA）；二是效用的主观时间折现系数，并假设随着消费流的对数服从一个期限间相互独立的正态分布[②]。

下面开始依据卢卡斯的理论建立经济波动的福利成本理论模型。

应用效用函数为

$$U_{(c_t)} = \frac{C_t^{1-\gamma}}{1-\gamma} \qquad (3-1)$$

经济波动的福利成本可以被看作一个无限存续下去的每期效用的总和，即可以表达为

$$W = \sum_{t=0}^{\infty} \beta^t U_{(c_t)} = \sum_{t=0}^{\infty} \beta^t \frac{C_t^{1-\gamma}}{1-\gamma} \qquad (3-2)$$

式中，C_t 表示 t 期的人均消费；γ 表示风险规避系数；β 表示消费者的主观时间折现系数。

那么，其中某一个具有代表性的个体的福利函数就可以表示成该经济

[①]　张耿. 中国经济波动的福利成本与卢卡斯论断再检验 [J]. 经济与管理研究，2016，37（3）：3.

[②]　张耿，胡海鸥. 损失规避与经济波动的福利成本研究 [J]. 经济学（季刊），2007，6（4）：1239.

波动的福利成本的期望，即

$$E(W) = E\left\{ \sum_{t=0}^{\infty} \beta^t U_{(C_t)} \right\} = E\left\{ \sum_{t=0}^{\infty} \beta^t \frac{C_t^{1-\gamma}}{1-\gamma} \right\} \tag{3-3}$$

式（3-3）中的人均消费可以表达为

$$C_t = A e^{\mu t - \frac{\sigma^2}{2} + \varepsilon_t}, \quad \varepsilon_t \sim \text{i. i. d. } N(0, \sigma^2) \tag{3-4}$$

考虑经济中完全消除波动的情况下，$\sigma = 0$，式（3-4）就可以写为

$$C_t^* = A e^{\mu t} \tag{3-5}$$

那么，经济中完全排除波动后的福利函数就可以表示为

$$W^* = \sum_{t=0}^{\infty} \beta^t U_{(C_t^*)} = \sum_{t=0}^{\infty} \beta^t \frac{A e^{\mu t(1-\gamma)}}{1-\gamma} \tag{3-6}$$

通过化简可以得到

$$W^* = \sum_{t=0}^{\infty} \beta^t U_{(C_t^*)} = \frac{A^{1-\gamma}}{1-\gamma} \sum_{t=0}^{\infty} \beta^t e^{\mu t(1-\gamma)} \tag{3-7}$$

因为经济福利的期望也可以表示经济中完全排除波动的福利值，所以有

$$W^* = E(W)$$

$$= E\left\{ \sum_{t=0}^{\infty} \beta^t U_{(C_t)} \right\}$$

$$= E\left\{ \sum_{t=0}^{\infty} \beta^t \frac{C_t^{1-\gamma}}{1-\gamma} \right\}$$

$$= E\left\{ \sum_{t=0}^{\infty} \beta^t \frac{\left[(1+\lambda) A e^{\mu t - \frac{\sigma^2}{2} + \varepsilon_t} \right]^{1-\gamma}}{1-\gamma} \right\} \tag{3-8}$$

式中，因为 $\varepsilon_t \sim N(0, \sigma^2)$，所以 $\varepsilon_t(1-\gamma) \sim N(0, (1-\gamma)^2 \sigma^2)$，化简得

$$E(W) = \frac{e^{-\gamma\sigma^2(1-\gamma)} A^{1-\gamma} (1+\lambda)^{1-\gamma}}{1-\gamma} \sum_{t=0}^{\infty} \beta^t e^{\mu t(1-\gamma)} \tag{3-9}$$

由 $W^* = E(W)$ 化简可得

$$\lambda \approx \frac{1}{2} \gamma \sigma^2 \tag{3-10}$$

通过计算 λ 值就可以得出宏观经济政策对于平抑经济波动的作用的大

小。然而，一直以来学术界对于卢卡斯（1987）的方法存在一些争议，也有一些人试图在卢卡斯的推导过程中找到不足之处并且进行修正，主要有三个方面的思路：第一，修正卢卡斯的基准模型中关于消费者偏好和随机消费流生成过程的假定。卢卡斯在基准模型中假定消费者对稳定消费的偏好胜于对不稳定消费的偏好，消费者更倾向于在长期内平滑消费，并且认为整个经济是由具有无限生命期的同质个体构成的。但是在现实情况下，由于市场不完善，以及金融、保险等工具发展的局限性，这种稳定的和同质的消费个体很难实现，每个人在现实的消费过程中都会表现出不一样的特质性波动。因此，卢卡斯采用 CRRA 效用函数的形式始终无法解释消费者对于特定类型风险的态度。同时，他只是简单选取 1、5、10、20 四个数作为相对风险规避系数 γ 的合理取值的做法显然缺乏对参数取值的敏感性分析。第二，仅仅用消费波动来理解经济波动的福利效应的发生机制过于片面，因此需要对卢卡斯使用的效用函数进行修正。在宏观经济中可以用来衡量经济波动的变量有很多，如产出波动、收入波动、投资波动等。这些因素都会通过某些渠道和机制最终实现对社会福利的影响。如果非要用消费波动来衡量经济福利的变化，那么由于消费对经济福利影响的传导机制有很多，卢卡斯的研究可能会相对比较片面。第三，卢卡斯的研究在实证数据选择上使用的是美国第二次世界大战之后的相关消费数据，然而选择不同的研究对象和时间范围对于最终结论都有着一定程度的影响。在卢卡斯之后的研究中，学者们不断尝试使用一些跨国经验证据来修正卢卡斯的结论。在这些研究中，不乏更多新的结论被发现。

3.3 本章小结

本章从国际关系和福利经济学的理论出发，详细梳理了在国际关系和福利经济学领域对于宏观经济政策的国际协调的原因、重要性和如何评估协调效果等几个重点问题的解释与分析。在国际关系理论方面，本章主要论述了相互依存理论和霸权稳定论，重点论述了国际机制理论的提出、主要流派观点及所存在的不足之处，为本书研究宏观经济政策的国际协调奠定了国际关系学领域的理论基础。在经济全球化背景下，国家之间的经济、政治、社会等方面的联系日益紧密，国际机制理论解释了以二十国集团为代表的现有宏观经济政策协调的本质，以及协调对于各国的重要性。随着苏联的解体，美苏间超级大国争霸的时代落幕，美国开始成为世界上唯一的超级大国，美国的一国独霸在一定程度上给世界带来了稳定，但是稳定都是暂时的。历史告诉我们，从没有任何一个国家能够永远保持对世界的霸权，随着世界上其他的强国和新兴经济体的发展并逐渐强大，美国的世界霸权地位正在逐渐衰退。在后霸权时期，世界又将如何发展和治理呢？国际机制理论从本质上揭示了非正式国际机制在多极化世界中的重要作用。全球事务是属于世界上每一个国家的，治理好全球同样也需要世界每一个国家的共同参与和付出。国家之间的合作将会给未来全球问题的治理和国家之间政策的协调带来更大的可能性和可行性。

宏观经济政策的国际协调除了是国际政治领域的重要议题以外，本质上仍然是一个重要的世界经济问题。经济全球化带来的是全球范围内经济体更加紧密的联系和影响，随着开放经济成为世界上主要国家采取的主要宏观经济政策，一国的宏观经济政策也会对其他国家产生直接或是间接的影响。开放经济推动了国际贸易参与国之间的优势互补和生产效率的提高。但是，理性的国家政策的决策者在制定和实施经济政策的时候并不会首先想到他国的利益，而是更多地以自己国家的经济利益作为最根本的出发点。在本书的文献综述中，已经梳理了很多用来解释宏观经济政策的国际协调问题的经济理论，如蒙代尔－弗莱明－多恩布什（M－F－D）模型、新开放宏观经济学（NOEM）模型和博弈理论等。本章选用了福利经济学中原本用于研究一国宏观经济政策的效果的理论——卢卡斯于 1987 年提出的经济波动福利成本的定量模型。该模型的好处是原理更容易理解，并且运用起来更加简单。

第4章 二十国集团宏观经济政策国际协调的实证研究

为了更好地应用第3章建立的宏观经济政策国际协调的理论模型来说明世界主要国家之间国际协调的基础与效果，本章分别考察中美两国、以七国集团（G7）为代表的发达国家、以金砖国家（BRICS）为代表的发展中国家和以二十国集团为代表的世界主要国家之间的宏观经济政策的协调基础与效果。本章将会研究二十国集团成员方在经济周期相对同步的金融危机时期和经济周期非同步的后金融危机时期的宏观经济政策的协调效果，二十国集团在跨越多个经济周期的长期和在最近一个经济周期内的短期的宏观经济政策的协调效果，以及二十国集团成员方按照现有的自由贸易协定和协调机制划分成的欧盟、美洲集团和亚太集团三个不同区域的宏观经济政策的协调效果。

4.1 二十国集团宏观经济政策的国际协调基础

对世界主要国家经济增长的季度数据进行处理后，分别研究了经济增长的周期性和共动性的特点，进而得知世界主要国家是否存在宏观经济政策协调的基础和可行性。

4.1.1　数据选择与研究方法说明

为了定量测度世界主要国家宏观经济周期是否具有同步性，本书选用了 Bvd 公司提供的 EIU Countrydata 国家数据库中 1999—2016 年二十国集团成员方以美元计的名义国内生产总值的季度数据。其中，该数据库中没有沙特阿拉伯的名义国内生产总值的季度数据，并且很难对沙特阿拉伯和土耳其等国划分集团，所以本书也没有将这些国家考虑在内。选择 1999—2016 年的季度数据主要是因为本书考虑到二十国集团成立于 1999 年，同时也要满足统计学大样本抽样数据的要求。选择名义国内生产总值的数据主要是考虑到宏观经济政策的协调和经济周期的波动也会受到货币因素的影响。

对二十国集团宏观经济周期同步性的定量测度包括以下思路。

首先，将二十国集团按照推测的同步性进行分组，分别测量中美宏观经济周期的同步性情况；分别测量以七国集团为代表的发达国家和以金砖五国为代表的新兴发展中国家的宏观经济周期的同步性情况；以及按照现有的区域经济一体化组织和地理距离进行分类，即欧洲集团包括法国、英国、德国和意大利，美洲集团包括北美自由贸易区成员方——美国、加拿大和墨西哥以及南美洲的巴西和阿根廷，亚太集团包括亚太经济合作组织（APEC）成员方——中国、澳大利亚、日本、韩国和印度尼西亚以及对亚太经济影响较大的印度。此外，还计算了每组总体的名义国内生产总值，用以作为每组数据宏观经济周期同步性研究的基准值。分组研究的主要原因是，本书认为在现有的协调机制（比二十国集团更有效的协调机制，如七国集团、金砖机制和区域经济一体化协定等）下，证明组内成员方仍然存在宏观经济周期的非同步性，能够更好地证明本书提出的国家之间宏观经济周期的非同步性的假设。在本部分的最后，作者测度了除沙特阿拉伯以外的所有二十国集团成员方与二十国集团整体的宏观经济波动的周期性状况，并且按照经济周期同步性由强到弱进行排序，最终得出大部分国家存在经济周期波动非同步性的结论。

其次，为了更好地描述各国宏观经济周期的波动特征，本书特别对各国及各组总体的名义国民生产总值数据进行对数化后进行 BP 滤波。其目的是滤去不代表实际经济波动规律的随机扰动部分，抽出被认为是与经济政策等短期冲击无关的长期趋势部分，留下实际周期波动部分①。对时间序列数据进行滤波的方式很多，如移动平均、时间去势、简单差分、BP 滤波法等。相比较而言，BP 和 HP 方法更为突出。但是经过反复比较、推敲和实验，并且结合巴克斯特和金（Baxter & King，1999）对美国经济时间序列数据的分析，本书发现用 BP 滤波的方法得出的结果与实际情况更加符合。虽然 BP 滤波方法要求一定的滞后期限，会导致得出的结果比原有数据的实践期更短，但是由于本书采用了宏观经济的季度数据，在进行 BP 滤波后仍然能够保证较大的样本数量，因此果断选择了 BP 滤波方法。另外，在进行 BP 滤波时，需要进行领先/滞后期数和周期的选择。根据之前对相关季度时间序列数据的研究和论证，本研究决定采用领先/滞后期数为 12，BP（6，32）。

最后，通过观察和比较 BP 滤波后的各国宏观经济数据，得出初步的周期同步性与否的判断。在对各组数据进行共动性测度后，通过计算前后 6 期的各国经济相关系数的大小，精确测度宏观经济政策协调的非同步性及具体的领先或者滞后期数。一般认为，相关系数大于 0.8，则为高度相关；相关系数为 0.5 ~ 0.8 为中度相关；相关系数为 0.3 ~ 0.5 为低度相关；相关系数小于 0.3 则为不相关。

4.1.2 宏观经济波动的共动性分析

为了更好地描述二十国集团成员方经济周期的波动存在非同步性的特

---

① 陈昆亭，周炎，龚六堂. 中国经济周期波动特征分析：滤波方法的应用［J］. 世界经济，2004（10）：48.

点，本节将会借助滤波分析和动态相关性等技术手段测量成员方的经济周期波动及其相互关系。

1. 中美宏观经济周期的测量与非同步性

美国与中国为当今世界上经济总量排名在前两位的国家，被一些学者视为全球范围内最重要的两大经济体。中美两国各自代表世界格局中的两个重要的国家集团，即发达国家和发展中国家。从这些方面来看，比较中美两国宏观经济周期的同步性对于进一步研究二十国集团机制下的各国宏观经济政策的国际协调尤为重要。

通过 BP 滤波得到中美两国宏观经济波动趋势，如图 4.1 所示。总体上，中美两国的整体经济变化趋势并不一致，美国的经济周期的波动幅度比中国的小，这说明美国宏观经济相对更加平稳。以 2008 年为界限，从

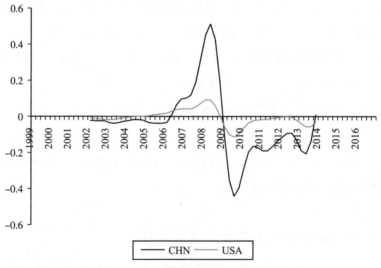

图 4.1　中美两国宏观经济波动趋势

注：横坐标表示年份，纵坐标表示经济波动幅度，CHN 代表中国，USA 代表美国；该图的原始数据来源于上海外国语大学图书馆试用数据库——BVD 公司提供的 EIU Countrydata 国家数据库；具体数据见附录。

图中不难发现，2008 年之前的中美宏观经济波动基本没有呈现出同步性。但是受到 2008 年全球性金融危机的影响，全球系统内部两个最大的经济体都受到了较大的冲击。这种受到系统性风险影响的经济周期表现出暂时的同步性。在后金融危机时期，中国的宏观经济呈现出更强劲的复苏态势，与此同时，中美宏观经济周期再次表现出非同步性的特点。

为了进一步说明中美两国宏观经济的周期性和变动关系，表 4 - 1 描述了中美两国在前后分别相差 6 期的名义产出的动态相关系数。不难看出，美国在领先 6 期的时候表现出与中国宏观经济波动较大的相关系数，这充分说明中美之间宏观经济波动的关系为美国处于领导者的地位，而中国经济对于美国经济存在一定程度的依赖性。另外，美国宏观经济波动的标准差略小于中国的宏观经济波动，由此可以说明，美国经济比中国经济的稳定性更好。

表 4 - 1 中美两国动态产出波动相关关系

国家	标准差	名义产出的横向相关系数 correct $(x(t)，y(t+k))$												
		$t-6$	$t-5$	$t-4$	$t-3$	$t-2$	$t-1$	t	$t+1$	$t+2$	$t+3$	$t+4$	$t+5$	$t+6$
中国	0.038	0.036	0.169	0.355	0.570	0.781	0.940	1.000	0.940	0.781	0.570	0.355	0.169	0.036
美国	0.016	-0.710	-0.646	-0.503	-0.303	-0.082	0.119	0.266	0.350	0.374	0.349	0.289	0.207	0.116

数据来源：上海外国语大学图书馆试用数据库——BVD 公司提供的 EIU Countrydata 国家数据库；具体数据见附录。

2. 七国集团与金砖国家宏观经济周期的测量与非同步性

作为二十国集团内部联系最为紧密的七国集团和金砖国家都已经形成较为完善和长效的经济政策协调机制。这样，可以推测七国集团和金砖国家两个集团内部成员方之间应该会呈现更好的宏观经济周期的同步性。因此，该部分将会通过比较具有代表性的七国集团和金砖国家内部成员之间的宏观经济周期的同步性来测度二十国集团内部发达国家之间和发展中国家之间经济周期的特点。

从图4.2描述的关于七国集团成员方宏观经济波动趋势的变动情况可以看出，法国、德国和意大利的宏观经济波动存在较强的同步性与一致性。事实上，这三国同属于欧盟，并且又都是欧元区国家，拥有共同的货币政策和密切的宏观经济政策的协调机制，基本上就可以被视为一个经济体。七国集团在宏观经济变动中还表现出一个共同的特征，即受到2008年全球性金融危机的影响，七国都出现了不同程度的经济衰退和下滑的趋势。日本、英国和美国在个别时间段里，宏观经济的波动与其他国家表现出较大的差异甚至出现了波动方向相反的态势。从总体上看，七国集团中美国的经济仍然是其中表现得最为稳定的一个。同样在一个具有定期经济协调机制的并且已经日渐成熟的组织内，金砖国家展现出新兴发展中国家所具有的基本特征。从图4.3中仍然可以看出，2008年全球性金融危机给

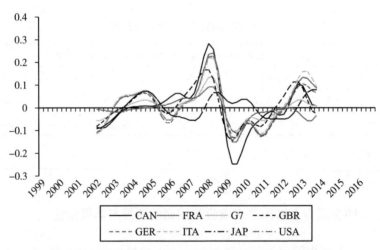

图4.2　七国集团成员方与七国集团整体经济波动趋势

注：横坐标表示年份，纵坐标表示经济波动幅度，G7代表七国集团总体情况，CAN代表加拿大，FRA代表法国，GBR代表英国，GER代表德国，ITA代表意大利，JAP代表日本，USA代表美国；原始数据来源于上海外国语大学图书馆试用数据库——BVD公司提供的EIU Countrydata国家数据库；具体数据见附录。

新兴经济体同样带来了巨大的挑战，但是在从金融危机复苏的进程中，新兴经济体表现出与发达国家较为同步的经济周期波动。这一点与 2008 年金融危机之前的状况大相径庭。从标准差结果来看，金砖国家中只有中国宏观经济波动的幅度较小，这说明中国的经济增长还是比较稳定的。

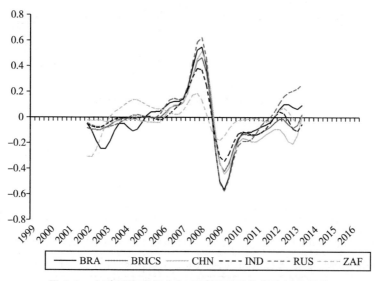

图 4.3　金砖国家成员方与金砖国家整体经济波动趋势

注：横坐标表示年份，纵坐标表示经济波动幅度，BRICS 表示金砖国家整体情况，BRA 表示巴西，CHN 表示中国，IND 表示印度，RUS 表示俄罗斯，ZAF 表示南非；原始数据来源于上海外国语大学图书馆试用数据库——BVD 公司提供的 EIU Countrydata 国家数据库；金砖国家成立于2009 年，但是金砖国家同样也是二十国集团成员，因此本书是以二十国集团成立时间开始计算；具体数据见附录。

　　具体结合表 4-2 和表 4-3 中的动态产出波动相关系数来看，加拿大、法国、德国、意大利和美国在同期与七国集团总体的宏观经济周期保持较为高度的同步性。英国在滞后一期的情况下与七国集团总体的宏观经济波动具有高度的相关性，这说明英国经济与主要发达国家的经济周期相比有一个季度的滞后，其时间并不长。与发达国家经济体存在较大差异的是日本，主要表现为总体相关性不大，只有在领先一个季度的情况下相关系数为考虑前后 6 期的最大值，并且该值也仅有 0.460。金砖国家与金砖国家总体的经济变化皆呈现出较高的相关性，但是只有巴西与金砖国家总体的经济波动存在同周期的最大值。中国和俄罗斯在领先一期的情况下与金砖国家总体的经济波动最相关，印度和南非则在滞后一期的情况下与金砖国家总体的经济波动保持最高的相关性。可以看出，中国和俄罗斯对于新兴发展中国家的经济引领作用明显，而且相比之下，中国的经济波动较小。

表 4 - 2　　　　　　　　七国集团成员方动态产出波动相关关系

成员方	标准差	名义产出的横向相关系数 correct($x(t)$, $y(t+k)$)												
		$t-6$	$t-5$	$t-4$	$t-3$	$t-2$	$t-1$	t	$t+1$	$t+2$	$t+3$	$t+4$	$t+5$	$t+6$
七国集团	0.029	-0.493	-0.348	-0.104	0.240	0.613	0.896	1.000	0.896	0.613	0.240	-0.104	-0.348	-0.493
加拿大	0.066	-0.323	-0.310	-0.194	0.055	0.383	0.679	0.834	0.796	0.586	0.874	0.015	-0.156	-0.234
法国	0.056	-0.313	-0.310	-0.104	0.079	0.411	0.712	0.857	0.783	0.510	0.140	0.015	-0.421	-0.547
英国	0.068	-0.391	-0.330	-0.520	0.051	0.366	0.672	0.865	0.880	0.718	0.431	0.112	-0.164	-0.373
德国	0.057	-0.379	-0.344	-0.233	0.015	0.368	0.695	0.865	0.811	0.554	0.191	-0.145	-0.384	-0.532
意大利	0.057	-0.358	-0.321	-0.216	0.026	0.375	0.696	0.855	0.789	0.554	0.161	-0.167	-0.390	-0.519
日本	0.060	-0.401	-0.200	0.028	0.240	0.394	0.460	0.432	0.298	0.120	-0.054	-0.175	-0.228	-0.233
美国	0.016	-0.155	-0.030	0.163	0.377	0.555	0.652	0.647	0.568	0.426	0.252	0.077	-0.077	-0.199

数据来源：上海外国语大学图书馆试用数据库——BVD 公司提供的 EIU Countrydata 国家数据库；具体数据见附录。

表 4 - 3　　　　　　　　金砖国家成员方动态产出波动相关关系

成员方	标准差	名义产出的横向相关系数 correct($x(t)$, $y(t+k)$)												
		$t-6$	$t-5$	$t-4$	$t-3$	$t-2$	$t-1$	t	$t+1$	$t+2$	$t+3$	$t+4$	$t+5$	$t+6$
金砖国家	0.058	-0.191	-0.113	0.079	0.364	0.673	0.911	1.000	0.911	0.673	0.364	0.079	-0.113	-0.191

续表

成员方	标准差	名义产出的横向相关系数 correct($x(t)$,$y(t+k)$)												
		$t-6$	$t-5$	$t-4$	$t-3$	$t-2$	$t-1$	t	$t+1$	$t+2$	$t+3$	$t+4$	$t+5$	$t+6$
巴西	0.108	0.026	-0.031	0.079	0.292	0.556	0.785	0.891	0.843	0.660	0.416	0.200	0.074	0.040
中国	0.038	0.171	0.305	0.475	0.648	0.780	0.823	0.746	0.556	0.295	0.030	-0.178	-0.294	-0.310
印度	0.064	-0.417	-0.414	-0.289	-0.031	0.310	0.641	0.861	0.923	0.799	0.531	0.204	-0.088	-0.276
俄罗斯	0.114	-0.062	0.015	0.191	0.442	0.696	0.856	0.852	0.684	0.395	0.081	-0.168	-0.308	-0.351
南非	0.114	-0.547	-0.566	-0.487	-0.253	0.087	0.416	0.655	0.766	0.740	0.596	0.396	0.210	0.190

资料来源：上海外国语大学图书馆试用数据库——BVD 公司提供的 EIU Countrydata 国家数据库；具体数据见附录。

3. 各区域内主要国家宏观经济周期的测量与非同步性

除了全球性经济合作组织以外，区域经济一体化的发展同样增加了区域内部经济体之间的联系，特别是在跨境贸易和投资等经济领域表现得较为突出。通过建立区域经济一体化的组织，在组织内部形成长效的经济活动协调机制，在很大程度上使得区域内部国家之间的宏观经济波动趋于一致性和同步性。这一部分通过对二十国集团（G20）国家按照现有的区域经济组织进行划分，分别刻画和测量欧洲集团、美洲集团和亚太集团内部 G20 成员方之间的经济波动情况，进而论证成员方存在经济周期非同步性的事实。

通过 BP 滤波得到欧洲集团、美洲集团和亚太集团的宏观经济趋势，如图 4.4 ~ 图 4.6 所示。首先，横向比较三个集团内部 G20 成员方的经济波动的同步性，最好的是欧洲集团，而美洲集团和亚太集团内部 G20 成员方经济波动的同步性较差。对于欧洲集团来说，其主要成员方在本研究考察的 G20 存续期间都经历了两个完整的经济周期，并且正在经历第三个周期。此外，在图中很明显可以看出除了英国以外，其他国家的经济波动与欧洲集团整体的经济波动的同步性更好，其原因不难联想到 1999 年开始欧元的诞生，以及欧元区共同的货币政策对其的影响。对于美洲集团

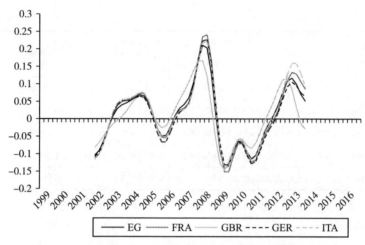

图 4.4　欧洲集团 G20 成员方与欧洲集团整体经济波动趋势

注：横坐标表示年份，纵坐标表示经济波动幅度，EG 表示欧洲集团国家整体情况，FRA 表示法国，GBR 表示英国，GER 表示德国，ITA 代表意大利；原始数据来源于上海外国语大学图书馆试用数据库——BVD 公司提供的 EIU Countrydata 国家数据库；具体数据见附录。

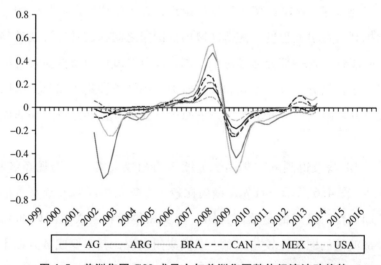

图 4.5　美洲集团 G20 成员方与美洲集团整体经济波动趋势

注：横坐标表示年份，纵坐标表示经济波动幅度，AG 表示美洲集团国家整体情况，ARG 表示阿根廷，BRA 表示巴西，CAN 表示加拿大，MEX 表示墨西哥，USA 表示美国；原始数据来源于上海外国语大学图书馆试用数据库——BVD 公司提供的 EIU Countrydata 国家数据库；具体数据见附录。

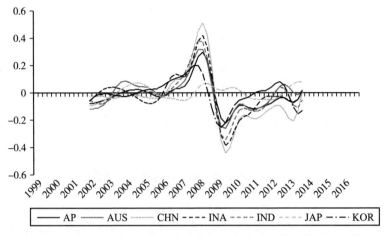

图 4.6　亚太集团 G20 主要成员方与亚太集团整体经济波动趋势

注：横坐标表示年份，纵坐标表示经济波动幅度，AP 表示亚太集团国家整体情况，AUS 表示澳大利亚，CHN 表示中国，INA 表示印度尼西亚，IND 表示印度，JAP 表示日本，KOR 表示韩国；原始数据来源于上海外国语大学图书馆试用数据库——BVD 公司提供的 EIU Countrydata 国家数据库；具体数据见附录。

来说，区域内 G20 成员方在 G20 运行期间都大致经历了两个完整的经济周期，其中发展中国家相对来说比美国和加拿大这些发达国家的宏观经济的波动性更大，特别是阿根廷，这说明其宏观经济的稳定性和抗干扰能力较差。然而随着国家间经济的关联性增强，如国际贸易和海外投融资活动的加强，2005 年后区域内宏观经济波动的同步性有所增强。对于亚太集团来说，区域内 G20 成员方的经济波动差异性更明显。区域内几乎所有的 G20 国家在考察的时间范围内都经历了两个完整的经济周期。虽然亚太集团总体呈现出经济周期的不同步性，但是在遇到 2008 年全球性金融危机时，出现了难得的短暂的经济波动的一致性。

表 4-4～表 4-6 分别考察了属于欧洲集团、美洲集团和亚太集团的 G20 成员方的动态产出波动的共动性。欧洲集团内部的成员方在同时期内都表现出较高的经济波动相关性，其中只有英国的相关系数相对偏低。从动态产出波动的相关性来看，美洲集团内部，加拿大、美国和墨西哥表现出与美洲集

团总体经济波动较高的相关性,但是美国要相对滞后一期。阿根廷和巴西总体上与美洲集团的经济波动的相关系数不大,但是在同周期却表现出较高的相关性。在亚太集团中,只有澳大利亚与亚太集团总体经济波动保持同周期的较高的相关性,中国和日本经济领先一期,印度尼西亚、印度和韩国都滞后一期,其中韩国与亚太集团总体经济波动的动态相关性最差。

表 4 - 4 欧洲集团 G20 成员方动态产出波动相关关系

成员方	标准差	名义产出的横向相关系数 correct $(x(t), y(t+k))$												
		$t-6$	$t-5$	$t-4$	$t-3$	$t-2$	$t-1$	t	$t+1$	$t+2$	$t+3$	$t+4$	$t+5$	$t+6$
欧洲集团	0.056	-0.414	-0.345	-0.345	0.123	0.527	0.870	1.000	0.870	0.527	0.123	-0.185	-0.345	-0.414
法国	0.056	-0.320	-0.258	-0.258	0.176	0.564	0.879	0.975	0.805	0.422	-0.008	-0.316	-0.452	-0.487
英国	0.068	-0.469	-0.378	-0.378	0.063	0.398	0.704	0.869	0.839	0.644	0.367	0.110	-0.073	-0.200
德国	0.057	-0.400	-0.347	-0.347	0.110	0.467	0.863	0.984	0.834	0.934	0.048	-0.258	-0.258	-0.460
意大利	0.057	-0.340	-0.287	-0.287	0.148	0.547	0.874	0.973	0.801	0.417	-0.010	-0.311	-0.440	-0.471

数据来源:上海外国语大学图书馆试用数据库——BVD 公司提供的 EIU Countrydata 国家数据库;具体数据见附录。

表 4 - 5 美洲集团 G20 成员方动态产出波动相关关系

成员方	标准差	名义产出的横向相关系数 correct $(x(t), y(t+k))$												
		$t-6$	$t-5$	$t-4$	$t-3$	$t-2$	$t-1$	t	$t+1$	$t+2$	$t+3$	$t+4$	$t+5$	$t+6$
美洲集团	0.035	-0.161	-0.063	0.123	0.389	0.679	0.910	1.000	0.910	0.679	0.389	0.123	-0.063	-0.161
阿根廷	0.170	-0.001	0.137	0.302	0.442	0.559	0.659	0.711	0.667	0.547	0.399	0.267	0.177	0.131
巴西	0.108	-0.132	-0.132	-0.038	0.161	0.431	0.695	0.855	0.847	0.688	0.454	0.230	0.078	0.013
加拿大	0.066	-0.213	-0.208	-0.112	0.111	0.423	0.727	0.915	0.925	0.741	0.443	0.140	-0.073	-0.159
墨西哥	0.069	-0.142	-0.070	0.098	0.356	0.643	0.855	0.902	0.771	0.505	0.196	-0.069	-0.239	-0.314
美国	0.016	-0.109	0.032	0.233	0.465	0.676	0.811	0.836	0.751	0.585	0.382	0.179	-0.001	-0.143

数据来源:上海外国语大学图书馆试用数据库——BVD 公司提供的 EIU Countrydata 国家数据库;具体数据见附录。

表 4 – 6　　　　　　　　亚太集团 G20 成员方动态产出波动相关关系

成员方	标准差	名义产出的横向相关系数 correct（$x(t)$，$y(t+k)$）												
		$t-6$	$t-5$	$t-4$	$t-3$	$t-2$	$t-1$	t	$t+1$	$t+2$	$t+3$	$t+4$	$t+5$	$t+6$
亚太集团	0.041	−0.240	−0.070	0.170	0.454	0.730	0.929	1.000	0.929	0.730	0.454	0.170	−0.070	−0.240
澳大利亚	0.082	−0.254	−0.198	−0.049	0.194	0.487	0.748	0.898	0.888	0.723	0.447	0.138	−0.144	−0.360
中国	0.038	0.029	0.173	0.339	0.500	0.631	0.699	0.673	0.560	0.369	0.148	−0.047	−0.176	−0.221
印度尼西亚	0.059	−0.166	−0.242	−0.222	−0.075	0.175	0.446	0.646	0.713	0.671	0.573	0.467	0.362	0.236
印度	0.064	−0.440	−0.413	−0.279	−0.038	0.264	0.552	0.750	0.820	0.738	0.526	0.249	−0.020	−0.230
日本	0.060	−0.128	0.092	0.332	0.558	0.730	0.818	0.813	0.720	0.561	0.370	0.187	0.044	−0.055
韩国	0.077	−0.168	−0.280	−0.324	−0.260	−0.085	0.149	0.359	0.450	0.413	0.269	0.075	−0.116	−0.276

数据来源：上海外国语大学图书馆试用数据库——BVD 公司提供的 EIU Countrydata 国家数据库；具体数据见附录。

4. 二十国集团主要成员方宏观经济周期的测度与非同步性

以二十国集团为整体，研究各成员方对二十国集团整体的宏观经济周期的同步关系，对于进一步刻画和研究二十国集团内部宏观经济政策协调机制尤为重要。从表 4 – 7 可以看出，二十国集团内部大部分国家与二十国集团整体经济波动呈现出较好的同期相关性。虽然二十国集团已经成立并且运作了将近 20 年，但是仍然有一些国家在经济周期上表现出领先或滞后，甚至是滞后较多期的情况。

表 4 – 7　　二十国集团成员方与二十国集团整体动态产出波动相关关系

成员方	标准差	名义产出的横向相关系数 correct（$x(t)$，$y(t+k)$）												
		$t-6$	$t-5$	$t-4$	$t-3$	$t-2$	$t-1$	t	$t+1$	$t+2$	$t+3$	$t+4$	$t+5$	$t+6$
G20 集团	0.039	−0.376	−0.269	−0.052	0.269	0.622	0.897	1.000	0.897	0.622	0.269	−0.052	−0.269	−0.376

成员方	标准差	名义产出的横向相关系数 correct $(x(t), y(t+k))$												
		$t-6$	$t-5$	$t-4$	$t-3$	$t-2$	$t-1$	t	$t+1$	$t+2$	$t+3$	$t+4$	$t+5$	$t+6$
阿根廷	0.170	-0.046	0.146	0.391	0.584	0.708	0.768	0.732	0.603	0.422	0.233	0.073	-0.040	-0.109
澳大利亚	0.082	-0.484	-0.443	-0.285	0.014	0.376	0.711	0.902	0.897	0.711	0.416	0.110	-0.131	-0.281
巴西	0.108	-0.156	-0.147	-0.028	0.189	0.450	0.675	0.777	0.726	0.545	0.305	0.095	-0.033	-0.080
加拿大	0.066	-0.280	-0.276	-0.161	0.097	0.448	0.770	0.942	0.904	0.673	0.339	0.025	-0.175	-0.251
中国	0.038	0.036	0.193	0.380	0.564	0.703	0.747	0.667	0.463	0.179	-0.116	-0.347	-0.472	-0.490
法国	0.056	-0.231	-0.202	-0.126	0.061	0.341	0.602	0.725	0.641	0.375	0.027	-0.278	-0.460	-0.525
英国	0.068	-0.346	-0.292	-0.167	0.049	0.336	0.618	0.795	0.792	0.620	0.328	0.001	-0.280	-0.480
德国	0.057	-0.286	-0.263	-0.181	0.021	0.321	0.603	0.744	0.672	0.413	0.065	-0.247	-0.444	-0.532
印度尼西亚	0.059	-0.360	-0.446	-0.408	-0.209	0.108	0.424	0.621	0.651	0.547	0.944	0.273	0.189	0.098
印度	0.064	-0.528	-0.506	-0.359	-0.080	0.280	0.625	0.848	0.901	0.764	0.481	0.145	-0.148	-0.338
意大利	0.057	-0.292	-0.266	-0.189	0.004	0.299	0.576	0.712	0.637	0.380	0.042	-0.254	-0.430	-0.495
日本	0.060	-0.349	-0.165	0.039	0.224	0.357	0.420	0.412	0.334	0.226	0.119	0.044	0.015	0.025
韩国	0.077	-0.335	-0.415	-0.400	-0.239	0.058	0.407	0.687	0.802	0.743	0.554	0.315	0.092	-0.087
墨西哥	0.069	-0.196	-0.155	-0.011	0.227	0.494	0.684	0.710	0.604	0.375	0.111	-0.099	-0.215	-0.257
俄罗斯	0.114	-0.102	-0.003	0.187	0.452	0.721	0.892	0.890	0.711	0.398	0.054	-0.216	-0.366	-0.419
土耳其	0.092	-0.400	-0.320	-0.119	0.182	0.518	0.787	0.893	0.832	0.605	0.279	-0.047	-0.667	-0.385
美国	0.016	-0.182	-0.050	0.153	0.384	0.581	0.690	0.686	0.587	0.421	0.223	0.026	-0.143	-0.270
南非	0.114	-0.590	-0.594	-0.504	-0.262	0.089	0.426	0.666	0.766	0.720	0.555	0.343	0.162	0.050

数据来源：上海外国语大学图书馆试用数据库——BVD 公司提供的 EIU Countrydata 国家数据库；具体数据见附录。

表 4-8 是按照上面对于二十国集团成员方与二十国集团经济波动整体动态相关性的计算结果进行归纳，分别列出处于同期相关性最大、领先一期相关性最大和滞后一期和三期才出现最大的相关性的国家进行排序，每项目下排在前面的比排在后面的相关系数大。可以看出，主要的发达国

家与二十国集团总体经济波动保持较好的同周期变化。中国和美国都处于
领先一期与二十国集团总体经济波动保持较大的相关性,这说明中美经济
在二十国集团内处于引领地位。日本虽然也是在领先一期的情况下与
二十国集团总体经济波动保持最大的相关性,但是从前后 6 期的数据来
看,日本与二十国集团总体经济波动的相关系数都在 0.5 以下,这说明日
本经济与二十国集团总体的经济联系和同步性较差。滞后一期与二十国集
团整体宏观经济波动保持最大相关性的是印度、韩国和南非,主要为发展
中国家。印度尼西亚是滞后期数最大的国家,达到了三期,可以推断印度
尼西亚与二十国集团整体的宏观经济周期的同步性最差。

表 4 - 8 二十国集团成员方与二十国集团整体宏观经济周期同步性排序

相关性	国家
同周期相关系数最大	1. 加拿大
	2. 澳大利亚
	3. 土耳其
	4. 英国
	5. 巴西
	6. 德国
	7. 法国
	8. 意大利
	9. 墨西哥
领先一期相关系数最大	1. 俄罗斯
	2. 阿根廷
	3. 中国
	4. 美国
	5. 日本
滞后一期相关系数最大	1. 印度
	2. 韩国
	3. 南非
滞后三期相关系数最大	印度尼西亚

注:根据表 4 - 7 的结果整理而得。

4.1.3 结 论

通过对二十国集团内部两个最大的经济体、发达国家集团、发展中国家集团和分区域的国家集团的考察，可以得出以下结论。

第一，中美两大经济体存在较大的宏观经济周期的非同步性。

第二，二十国集团内部发达国家和发展中国家之间的宏观经济波动存在非同步性，而且发达国家之间和发展中国家之间即使有较为稳定的谈判与协作平台——七国集团和金砖国家机制，也存在宏观经济周期的非同步性。

第三，欧盟，特别是欧元区国家由于已经形成了长期的统一的共同货币政策和贸易与投资政策，因此欧元区国家经济相关程度不断加深，从而二十国集团成员方中欧元区国家的经济周期同步性最好。

第四，美洲区域与亚洲区域内部二十国集团成员方宏观经济周期，除了2008年全球性金融危机特殊时期以外，也表现出不同程度的非同步性。其中，发达国家的经济比发展中国家更加稳定。但是部分发展中国家在经济周期变化中表现出一定程度的引领性。

第五，大部分成员方在二十国集团宏观经济政策协调机制下可以表现出与二十国集团整体宏观经济周期的同步性。其中中美两国的经济周期对于二十国集团成员方宏观经济周期具有一定的引领性，日本经济周期与二十国集团整体经济波动的相关性不高，印度尼西亚的宏观经济周期远滞后于二十国集团整体的宏观经济周期，这些国家都表现出或多或少的宏观经济周期的非同步性。

4.2 二十国集团宏观经济政策国际协调效果

4.2.1 中美两国的宏观经济政策协调

通过 4.1 节对中美两国宏观经济周期同步性的测度可以看出，中美两国在 2008 年全球金融危机期间表现出较好的经济周期的同步性。因此，本节在研究经济周期同步情况下的中美两国宏观经济政策国际协调时，自然将经验数据的时间段框定在 2008 年全球金融危机时期，即 2008—2010年。对于 2008 年金融危机的影响时间，各国的界定都不尽相同，本研究的时间选择主要依据 4.1 节对中美宏观经济名义产出水平的同步性的测量。研究思路为：首先，分别计算中国和美国在 2008—2010 年金融危机期间各自的经济波动福利成本的 λ 值。所求出的中国和美国的经济波动福利成本表示两国在没有进行相互协调时消除消费波动所带来的潜在福利收益。之后，计算中美两国总体消除人均消费波动所带来的潜在福利收益，用来表示两国进行宏观经济政策国际协调情况下的福利收益。最后，将中美两国总体的消除消费波动的潜在福利收益和分别消除消费波动的潜在福利收益进行比较，得出结论。

1. 数据选择与研究方法说明

本节的研究将会遵循卢卡斯（1987）的基准模型，因此仍然会选择用人均真实消费数据来衡量宏观经济政策的福利效用。本研究选取了宾夕法尼亚大学世界数据库（Penn World Table，PWT）和 Version 9.0 数据库中 2008—2010 年中国和美国的以美元计的 2011 年为价格基期的年度真实消费数据，还有两国分别在 2008—2010 年的年度人口数据。通过用年真实消费数据除以年人口总额，得到中美两国各自的年人均真实消费数据，用该数据来衡量卢卡斯基准模型中的中美两国的 C_t，再取对数。再将中美两国的年真实消费数据和年人口总额分别相加，用相加后的年总真实消费数据除以年总人口总额，得到两个国家进行宏观经济政策协调时的 C_t，再取对数。因为 $\lambda \approx \frac{1}{2}\gamma\sigma^2$，所以关键在于确定 γ 和 σ 的值。

卢卡斯（1987）的研究中将相对风险规避系数 γ 赋值为 1、5、10、20 四种情况。然而资产定价理论一般认为，相对风险规避系数处于区间 [2，10] 是比较合理的[①]。但是，本节的研究是为了比较中美两国宏观经济政策进行协调和不进行协调两种情况下的福利收益，因此在中美两国选取同一个相对风险规避系数的情况下，关于 γ 数值选取的讨论并没有太大的意义。因此，为了计算上的方便，同时也综合考虑相关因素，暂且将 γ 值选取为 2。与 γ 值相比，消费波动参数 σ 的计算相对复杂一些。本质上，消费波动参数 σ 表示代表性个体消费流的效用函数对时间变量回归的残值的标准差。因此，最基本的方法是将人均消费的自然对数与时间进行 OLS 估计，然后通过计算可以得到 2008—2010 年中国的回归方程残差的标准差为 0.0017，美国的回归方程残差的标准差为 0.0063，而中美两国总体的回归方程残差的标准差为 0.0042。

从表 4-9 中可以看出，常数项和自变量估计参数的 T 统计量的 p 值都非常小，这说明在 1% 的显著水平下估计的系数都是显著的。F 统计量的 p 值也较小，同时说明三个回归方程都是显著的。再加上调整后的 R^2 都较大，这些依据都说明了三个回归方程在统计上都是具有意义的。实际上，可以用来计算 σ 的方法还有很多，如 HP、BP 滤波等方法，本质上都是将消费函数看成消除波动的消费部分和有波动的消费部分的总和。通过 HP 和 BP 滤波可以得出波动部分的相关数据，再进一步求得波动部分消费

---

① 饶晓辉，廖进球．递归偏好、经济波动与增长的福利成本：基于中国的实证分析 [J]．经济科学，2008（4）：23．

的方差就可以得到 σ^2 然而本节选择回归估计残差的方法主要有两个方面的考虑：第一，通过回归得到的数据满足了统计上的相关要求；第二，HP 和 BP 滤波虽然在操作上简单易行，但是也会受到相关参数设置和本节研究时间范围较短的限制。

表 4 - 9   中美及两国综合人均消费波动率的估计结果（2008—2010 年）

因变量 $\ln C_t$	中国人均消费 ln（CHNC）	美国人均消费 ln（USAC）	中美两国的总人均消费 ln（CHNUSAC）
自变量 T	0.0871 (0.0000)	- 0.0039 (0.0000)	0.0257 (0.0000)
常数项 c	- 166.5988 (0.0001)	18.5996 (0.0001)	- 42.2075 (0.0001)
调整后 R^2	0.9993	0.9307	0.9468
F 统计值	2710.268 (0.0000)	0.3978 (0.0007)	36.5777 (0.0003)
消费波动率 σ	0.0017	0.0063	0.0042

中美与两国总体经济波动福利成本 λ 的计算结果见表 4 - 10。

表 4 - 10   中美与两国总体经济波动福利成本 λ 的
计算结果（2008—2010 年）

$\gamma = 2$	中国	美国	中美协调
$\lambda \approx \frac{1}{2}\gamma\sigma^2$	0.000002798	0.000039495	0.000017990

2. 实证结果

根据以上计算结果，可以得出以下结论：第一，在 2008 年金融危机时期，中国和美国彻底消除经济波动所改善的人均福利水平都非常低。相比较而言，美国彻底消除经济波动所改善的人均福利水平要比中国略高些，这说明金融危机时期，美国的宏观经济政策与中国的宏观经济政策相比稍有效果，但是该效果非常有限。第二，当把中美两国看成一个国家时，得出的中美两国在宏观经济政策协调情况下经济波动福利成本的数值仍然很小，这说明在经济周期相对同步的情况下，中美两国的宏观经济政策在平抑经济波动方面的收效甚微，甚至可以说经济周期同步时（金融危机时期）中美两国的宏观经济政策的国际协调意义不大。

4.2.2　主要发达国家和发展中国家的宏观经济政策协调

本节的研究目的在于比较二十国集团内部发达国家和发展中国家的宏观经济政策的协调效果，因此选取了目前最有代表性的发达国家集团组织——七国集团的成员方和金砖国家机制中五个新兴发展中成员方。

1. 数据选择

本节的研究目的在于比较二十国集团内部发达国家和发展中国家宏观经济政策的协调效果，因此选取了目前最有代表性的发达国家集团组织——七国集团的成员方和金砖国家机制的五个新兴发展中成员方。在数据的选择方面，本节选择了世界银行数据库中1999—2016年相关国家的年度最终消费支出和年度人口数据。选取该时间段数据的原因是考虑到二十国集团成立于1999年，并且该数据库在本书成稿时能够提供的全球主要国家的宏观经济数据截止于2016年。然后将七国集团即加拿大、德国、法国、英国、意大利、日本和美国，以及金砖五国即巴西、俄罗斯、印度、中国和南非的消费和人口数据按照各自所属的集团进行分类。分别计算出各国和两个集团总体的年人均真实消费数据，继而对年人均真实消费数据进行自然对数处理。特别说明一下两个集团总体的年人均真实消费数据的计算过程，将各集团内部所有成员方的相同年份的总真实消费数据和人口总量分别相加，再求出各集团总体的人均真实消费数据，之后进行自然对数处理。这样做的目的是要把代表发达国家的七国集团和代表发展中国家的金砖集团看成两个整体，以方便实证分析和比较。

2. 研究方法说明

根据第 3 章卢卡斯的理论模型，比较宏观经济政策协调效果的关键在于计算和比较模型中的 λ 值。又因为 $\lambda \approx \frac{1}{2}\gamma\sigma^2$，所以实证研究的关键在于计算和选取适当的 γ、σ。在相对风险规避系数 γ 的数值的选取过程中，本节依然遵照在进行中美两国在同步经济周期情况下的宏观经济政策协调研究中的思路和原则。为了比较和计算上的方便，本节以及本章实证研究后面的所有章节中如遇到相对风险规避系数 γ 的赋值问题都直接将 γ 赋值为 2，后面的研究如遇到类似问题将不再赘述。与此同时，消费波动参数 σ 的计算在综合考虑多种方法（包括 HP 和 BP 滤波）的基础上，本章将仍然选用 OLS 回归的方法，通过将各国和各国家集团整体的年人均消费对数数据对时间进行回归，得出各国和各国家集团的消费数据回归的残差值，之后分别计算它们的标准差即得出相应的消费波动参数的数据。

本节具体包括以下研究思路和方法。

首先，分别计算二十国集团内部的代表主要发达国家的七国集团和主要发展中国家的金砖五国的每个国家和两个集团整体的经济波动福利成本 λ；

其次，比较两大集团内部各国与集团整体的经济波动福利成本 λ，进而评估七国集团和金砖国家机制对于国家之间宏观经济政策协调的效果；

最后，比较两大集团整体和由主要发达国家与发展中国家构成的能够代表发达国家与发展中国家两者进行宏观经济政策协调的经济波动福利成本 λ，用来评估二十国集团内部发达国家和发展中国家之间的政策协调效果。

3. 实证结果

按照上述研究思路和方法，通过计算和回归得到如表 4 - 11 ~ 表 4 - 13 所示的结果。

表 4 - 11 　　　七国集团成员方与七国集团整体经济波动
福利成本 λ 的计算结果 （1999—2016 年）

国别	$\lambda \approx \frac{1}{2}\gamma\sigma^2\,(\gamma=2)$
加拿大	0.0191
德国	0.0139
法国	0.0225
英国	0.0173
意大利	0.0275
日本	0.0126
美国	0.0011
G7	0.0045

表 4 - 12 　　　金砖国家成员方与金砖国家整体经济波动
福利成本 λ 的计算结果 （1999—2016 年）

国别	$\lambda \approx \frac{1}{2}\gamma\sigma^2\,(\gamma=2)$
巴西	0.0643
中国	0.0088
印度	0.0070
俄罗斯	0.1325
南非	0.0170
BRICS	0.0170

表 4-13　　二十国集团主要发达国家（七国集团国家）、主要发展中
国家（金砖五国）与二十国集团整体经济波动
福利成本 λ 的计算结果（1999—2016 年）

$\gamma = 2$	主要发达国家（G7）	主要发展中国家（BRICS）	二十国集团（G20）
$\lambda \approx \frac{1}{2}\gamma\sigma^2$	0.0045	0.0170	0.0044

　　表 4-13 的结果表明，二十国集团中以七国集团为代表的发达国家的
经济波动福利成本要比以金砖五国为代表的新兴发展中国家的经济波动福
利成本低，这说明与发达国家相比，除中国和印度外，新兴发展中国家的
国内宏观经济政策对于提高经济福利的效果皆表现较差。在二十国集团内
部，这两大集团之间的宏观经济政策的协调效果总体上也较差，因为政策
协调对二十国集团整体经济波动福利的提升远低于七国集团和金砖五国集
团。从各集团内部来看，结合表 4-11 和表 4-12 的结果，不难发现在发
达国家集团内部，发达国家之间的宏观经济政策的协调效果较好；在新兴
发展中国家集团内部，国家之间的宏观经济政策的协调效果较差。

4.2.3　金融危机时期与后金融危机时期主要国家间的宏观
经济政策协调

　　根据对二十国集团成员方经济周期同步性的测度结果，可以看出在金
融危机时期，由于受到系统性风险的影响，二十国集团成员方经济周期整
体上表现出较好的同步性。但是在后金融危机时期，各国由于应对金融危
机的策略不同以及各国经济实力与经济发展结构的差异表现出较为不同步
的经济周期变化。如果只是单一地研究经济周期非同步情况下的各国之间
的宏观经济政策的协调效果，就很难看出在后金融危机时期二十国集团机
制在宏观经济政策协调问题上起到的作用的大小。因此，很有必要将经济

周期非同步时期即后金融危机时期与经济周期相对同步时期即金融危机时期的政策协调效果进行比较，从而得出结论。

1. 数据选择

在数据的选择方面，本节仍然选用了世界银行数据库中属于二十国集团的 19 个国家经济体的年度最终消费支出和年度人口数据。只是分组方法与之前的方法不同。本节将 2008—2010 年的各国数据分成一组，记为金融危机时期二十国集团国家经济体数据；将 2011—2016 年的各国数据分成另一组，记为后金融危机时期二十国集团国家经济体数据。在进行数据的时间划分时，主要依据 4.1 节对二十国集团宏观经济数据的测度结果。各国的宏观经济增长的趋势表明在 2008—2010 年经济增长出现大幅度衰退的迹象，在 2010 年之后，各国的经济增长趋势又呈现出不同的波动特点，各国经济复苏的时间长短不一，周期不同步。

2. 研究方法说明

具体的研究思路和方法与 4.2.2 节基本上一致。

首先，对二十国集团内部 19 个国家经济体的 2008—2016 年的年真实消费数据和年人口数量分别加总，进而求出每年二十国集团总体的人均真实消费数据，再对数据取自然对数。

其次，将上述的 2008—2016 年的二十国集团总体的年人均真实消费数据进行分类，分成 2008—2010 年的金融危机时期的数据和 2011—2016 年的后金融危机时期的数据。

再次，分别用每一组的年人均真实消费对数数据对各自组的年份进行 OLS 回归，得出每一组的回归后的残差数据。然后，再分别计算各组的回归后残差数据的标准差。

最后，计算每一组的宏观经济政策协调的福利成本 λ。在计算福利成本时，仍然需要考虑到相对风险规避系数 γ 的取值。与本章前面所述的理由一样，考虑到计算与比较的便利性，γ 取值为 2。通过比较金融危机组的福利成本和后金融危机组的福利成本得出最终结论。

3. 实证结果

相关的计算与实证研究结果显示在表 4 – 14 中。

表 4 – 14　　金融危机时期（2008—2010 年）与后金融危机时期

（2011—2016 年）二十国集团国家经济体整体经济

波动福利成本 λ 的计算结果

$\gamma = 2$	金融危机时期（2008—2010 年）	后金融危机时期（2011—2016 年）
$\lambda \approx \frac{1}{2}\gamma\sigma^2$	0.00076	0.00035

表 4 – 14 中的实证结果表明，在金融危机期间二十国集团的宏观经济政策协调带来的经济福利的提升远大于截至 2016 年的后金融危机时期的宏观经济政策协调所带来的经济福利的提升，这说明经济周期同步时比经济周期不同步时国家之间的宏观经济政策的国际协调的效果更好。

4.2.4　长期和短期情况下主要国家的宏观经济政策协调

宏观经济政策的协调除了与国家之间的经济结构和经济发展程度的相似度有关外，也与期限有关。对于宏观经济政策的研究表明，宏观经济政策的制定、实施和最终呈现效果具有时间上的滞后性，而且各国的宏观经济政策的滞后期限的长短都有所不同。因为宏观经济政策的国际协调本质上可以看成是由政策协调参与国组成的新的组织整体所制定和实施的宏观经济政策，因此期限的长短自然也会影响到国家之间整体的宏观经济政策的效果，进而可以先做出宏观经济政策的国际协调也会受到期限长短的影响这一假设。在做出假设之后，下一步的重点就是要区分长期和短期这两个概念。事实上，长期与短期分析一直以来就是经济学研究的一种范式，但是由于研究角度的不同会有不同的定义。生产论和成本论认为短期是指在生产等环节中至少有一个变量是固定的，而长期是指所有的变量都是可变的。很明显，这种划分方法并不适用于本节对于长短期的划分。从宏观经济的角度，可以通过经济周期的概念来对长期与短期进行划分。这种方法相对比较适合本节的研究对象和内容。本节在一个经济周期的时间跨度视为短期，将跨越多个完整的经济周期的时间视为长期。

1. 数据选择

这样，考虑到 4.1 节对二十国集团成员方的经济周期同步性的测度结果和本章选取的世界银行数据库中时间的可获得性，对短期与长期进行以下划分：短期是 2008—2016 年，因为通过对二十国集团成员方的宏观经济数据进行滤波后发现，基本上所有的成员方从 2008 年全球性的金融危机直到 2016 年都在一个完整的经济周期之内；长期是 1953—2016 年，因为截止本书的实证分析，世界银行数据库中的最终消费数据主要集中于 1950—2016 年。另外，考虑到二十国集团成员方中中国和韩国的相关宏观经济数据由于受到某些因素的影响最早分别只能追溯到 1952 年和 1953 年。因此，本节长期的时间数据确定为 1953—2016 年。在二十国集团成员方中，印度尼西亚、俄罗斯、沙特阿拉伯因为历史和统计等方面的原因，最早的统计数据时间远远晚于 1953 年，因此在计算过程中并没有考虑这些国家。

2. 研究方法说明

本节具体包括以下研究思路和方法。

首先，按照之前的长期和短期的划分思路对年份进行分组，再分别将每一组 16 个二十国集团成员方的年真实消费数据和年人口数量分别加总，进而求出长期与短期各组的每年二十国集团总体的人均真实消费数据，再对数据取自然对数。

其次，分别用每一组的年人均真实消费对数数据对各自组的年份进行 OLS 回归，得出每一组的回归后的残差数据。然后，再分别计算各组的回归后残差数据的标准差。

最后，计算每一组的宏观经济政策协调的福利成本 λ。在计算福利成本时，仍然需要考虑到相对风险规避系数 γ 的取值。与本章前面所述的理由一样，考虑到计算与比较的便利性，γ 值仍然选为 2。通过比较 1953—2016 年长期的二十国集团主要成员方政策协调的福利成本和 2008—2016 年短期的二十国集团主要成员方宏观经济政策国际协调的福利成本得出最终结论。

3. 实证结果

按照上述的研究思路，通过回归和计算得到如表 4 - 15 所示的实证结果。

表 4 - 15　　长期（1953—2016 年）与短期（2008—2016 年）二十国集团主要成员方经济体整体经济波动福利成本 λ 的计算结果

$\gamma = 2$	长期（1953—2016 年）	短期（2008—2016 年）
$\lambda \approx \dfrac{1}{2}\gamma\sigma^2$	0.00089	0.00022

表 4 - 15 中的实证结果表明，在跨越更多经济周期的长期情况下二十国集团成员方之间的宏观经济政策的国际协调对经济福利的提升比经历仅仅一个经济周期的短期情况下的二十国集团成员方之间的宏观经济政策的国际协调对经济福利的提升效果更好，这说明宏观经济政策的国际协调要起到效果需要一个相对较长的过程。

4.2.5　不同区域内主要国家间的宏观经济政策协调

二十国集团主要成员方在二十国集团宏观经济政策协调机制运行之前早已经形成了某些区域范围内的贸易、投资、经济或者政治联盟，在政策协调方面也有着丰富的实践经验。因此，一直以来就有学者质疑二十国集团宏观政策协调机制的作用和效果。他们认为即使在二十国集团成员方之间呈现出宏观经济政策可协调的效果，也有可能是因为已经存在的区域一体化组织或者现有的国家之间协调机制起到的作用，并不能证明二十国集团的协调机制与协调的效果之间存在因果关系。为了充分研究和证明二十国集团在国家间宏观经济政策协调方面的效果，本节在4.2.2节实证分析了二十国集团内部两个重要协调机制即七国集团和金砖国家之后，将二十国集团主要成员方按照现有的区域经济一体化或者合作机制进行分类，分别分析各个区域的协调效果，进而与二十国集团整体的协调效果进行比较，得出结论。

1. 数据选择

本节仍然选用了世界银行数据库中的1999—2016年的二十国集团成员方的年真实消费数据和年人口数据。数据的选择并不是本节的研究难点，难点在于按照现有的区域经济一体化组织和机制对二十国集团成员方进行分组。在综合考虑现有的区域经济组织、地理位置及相互之间的贸易、投资和政治联系的基础上，仿照4.1节对二十国集团成员方的区域划分方式，同样将二十国集团中除了距离较远的俄罗斯、土耳其、沙特阿拉伯和南非以外的其他国家分成欧洲集团、美洲集团和亚太集团。分别计算各个区域集团整体的宏观经济政策的福利成本和二十国集团整体的宏观经济政策的福利成本，并进行比较。

2. 研究方法说明

本节具体包括以下研究思路和方法。

首先，对二十国集团成员方按照区域集团即欧洲集团、美洲集团和亚太集团进行分组，分别对每个集团内部成员方 1999—2016 年的年最终消费数据和年人口数量分别加总，进而求出每年各个区域集团的人均真实消费数据，再对数据取自然对数。

其次，对二十国集团主要成员方 1999—2016 年的年最终消费数据和年人口数量分别加总，求出二十国集团整体的年人均真实消费数据，再对数据取自然对数。

再次，分别用每一组的年人均真实消费对数数据对各自组的年份进行 OLS 回归，得出每一组的回归后的残差数据。然后，再分别计算各组的回归后残差数据的标准差。

最后，计算每一组的宏观经济政策协调的福利成本 λ。在计算福利成本时，仍然需要考虑到相对风险规避系数 γ 的取值。与本章前面所述的理由一样，考虑到计算与比较的便利性，γ 取值仍然选为 2。通过比较各区域的福利成本和二十国集团整体的宏观经济政策的福利成本得出最终结论。

3. 实证结果

经计算和回归之后的实证结果见表 4 – 16。

表 4 – 16　　二十国集团成员方分区域与二十国集团整体经济波动
福利成本 λ 的计算结果 （1999—2016 年）

$\gamma = 2$	欧洲集团	美洲集团	亚太集团	二十国集团
$\lambda \approx \dfrac{1}{2}\gamma\sigma^2$	0.0177	0.0021	0.0076	0.0044

表4-16中的实证结果表明，二十国集团成员方中归属于欧洲集团和美洲集团的国家之间的经济波动福利成本要比亚太集团的低，三个集团各自内部的国家之间的宏观经济政策协调比二十国集团总体的协调对经济福利的提升效果更明显。

4.3 本章小结

本章借鉴卢卡斯基准模型，以二十国集团为例，研究在经济周期非同步情况下成员方宏观经济政策的国际协调的效果。本章从二十国集团内部以七国集团（G7）为代表的发达国家和以金砖国家（BRICS）为代表的发展中国家之间、二十国集团成员方在经济周期相对同步的金融危机时期和经济周期非同步的后金融危机时期、二十国集团在跨越多个经济周期的长期和在最近一个经济周期内的短期，以及二十国集团成员方按照现有的自由贸易协定和协调机制划分成的欧洲集团、美洲集团和亚太集团三个区域几个角度实证研究了宏观经济政策的国际协调效果，得出以下结论。

第一，二十国集团中以七国集团为代表的发达国家和以金砖国家为代表的发展中国家之间的宏观经济政策国际协调的实证研究结果表明，在发达国家集团内部，除了美国以外其他的发达国家之间的宏观经济政策的协调效果较好；以金砖五国为代表新兴发展中国家集团内部，除了中国和印度以外的其他国家之间的宏观经济政策的协调效果较好；与发达国家相比，新兴发展中国家的国内宏观经济政策对于提高经济福利的效果较差；在二十国集团中，虽然二十国集团机制与金砖国家相比协调的效果较好，但是发达国家集团和新兴发展中国家集团总体的经济波动的福利提高较小，可见发达国家和发展中国家之间的协调难度较大。

第二，在比较金融危机时期和后金融危机时期，即经济周期同步和经济周期非同步两种情况下二十国集团成员方之间宏观经济政策的协调效果时，发现金融危机时期的宏观经济政策协调带来的经济福利增长比后金融危机时期的宏观经济政策协调带来的经济福利的增长更大，这说明经济周期同步时比经济周期不同步时国家之间的宏观经济政策的国际协调的效果更好，协调的难度更小。

第三，在比较二十国集团成员方在长期和短期情况下宏观经济政策的国际协调效果的实证研究中，发现在跨越更多经济周期的长期情况下国家之间的宏观经济政策的国际协调效果比在仅仅一个经济周期的短期情况下的国家之间的宏观经济政策的国际协调的效果更好，这说明宏观经济政策的国际协调要起到效果需要一个长期的过程。

第5章 二十国集团宏观经济政策
国际协调的案例研究

实证研究的结果表明，二十国集团宏观经济政策的国际协调在金融危机时期要比后金融危机时期的效果好。这一点基本上印证了研究之前提出的理论假设，但是验证假设并不是研究的最终目的，总结协调效果较差的原因，并且能够针对具体的问题提出改进和完善的策略建议才是研究的题中之意。因此，本章将会以经济周期相对同步时期即金融危机时期和经济周期不同步时期即后金融危机时期的二十国集团的宏观经济政策协调为案例，比较同步时期协调较好的经验和非同步时期协调较差的教训，为第6章给出的对策建议提供事实依据。

5.1 金融危机时期二十国集团宏观经济政策的国际协调

因为全球性金融危机这样系统性风险的发生，世界上主要经济体的经济增长在面临衰退和萧条的威胁下，往往表现出较好的同步性。实证研究的结果表明，二十国集团成员方在经济周期相对同步的情况下进行的宏观经济政策协调的效果较好，因此本节将会在梳理全球性金融危机发生时期的二十国集团的宏观经济政策的协调实践的基础上得出协调效果较好的实际依据和宝贵经验。

5.1.1 金融危机的发生与二十国集团宏观经济政策协调的背景

2007 年，美国发生次级房屋贷款危机（以下简称"次贷危机"），投资者开始对按揭证券的价值失去信心，进而引发流动性危机。以此为导火索，自 2008 年 9 月开始，美国国际集团陷入财务困难，美林证券公司被美国银行收购，雷曼兄弟公司申请破产保护，华盛顿互惠银行宣布破产。金融危机如海啸般从美国开始向欧洲、亚洲等世界的每一个角落蔓延。很快这场危机的系统性特点开始凸显，全球经济都陷入这场金融风暴之中。在这场危机发生的初期，因为只是在美国发生了次贷危机，而且其影响只限于美国及其周边国家的金融领域，还没有波及其他国家，因此还没有受到全球各国的重视，以美国为代表的相关国家仅仅处于独立应对危机的阶段。从 2008 年 9 月开始，金融危机通过美国和金融行业逐步向全球和实体经济传递。各国开始意识到只是通过自身的力量已经不足以应对全球性金融危机所带来的挑战了，因此国家之间的合作成为应对全球金融危机的共同利益诉求。除了美国以外，最早做出反应的是欧元区国家。2008 年 10 月 12 日，欧元区 15 个国家的首脑会议通过了"联合行动计划"，该计划标志着在应对全球金融危机方面由各个国家单独作战开始转向国家间联合作战。这种联合应对全球性金融危机的方式就集中表现为国家之间宏观经济政策的国际协调。

创建二十国集团领导人会议最早是由时任加拿大总理的保罗·马丁在 2004 年提出的倡议，但是后来由于马丁落选，卸任总理职务，该倡议就被搁置了。自 2008 年 9 月开始，随着金融危机的日益严重，其他国家的领导人在了解二十国集团领导人会议成立的必要性的基础上纷纷同意召开二十国集团峰会，只有时任美国总统的小布什提出反对意见。后来在法国总统萨科齐、英国首相布朗及澳大利亚总理陆克文等的积极推动和游说之下，美国总统小布什决定以二十国集团为基础召开峰会。在全球性金融危机的威胁下，原有的七国集团机制和二十国集团部长会议已经不足以解决危机。七国集团领导人也很快地意识到建立一个更广泛的和更加高级别的协调机制的重要性和必要性。在进一步确定与会国家领导人代表资格和前期复杂而周密的筹备的基础上，二十国集团第一次领导人峰会于 2008 年 11 月 14 日正式举行。原本会议的地点打算安排在此次金融危机的发生地纽约，但是美国总统小布什既不想因设在纽约而遭到与会国家的责备又不想在总统换届的特殊时期离开华盛顿，所以最终峰会的举办地定在了华盛顿。从八国集团国家开始意识到应该建立和组织一个涵盖更多发展中国家经济体并且级别更高的会议开始，二十国集团领导人峰会在应对金融危机方面做出了巨大的努力。从 2008 年首次举办国家领导人级别会议的华盛顿峰会，先后经历了 2009 年遏制经济萎缩的伦敦峰会、建立会议制度的匹兹堡峰会，到 2010 年意在控制欧债危机的多伦多峰会，每一次会议的举行都是在分歧中寻求协调之法，在不同中谋求共同之处，在危机中找到解决之策。为应对严重的全球金融危机，成员方在二十国集团框架下积极主动开展了全方位、最密切并且有针对性的宏观经济政策国际协调实践，并且在积极的货币政策和财政政策的使用方面达成了空前的共识。

5.1.2 金融危机时期二十国集团成员方的分歧与协调

1. 宏观经济刺激政策与金融治理——华盛顿峰会

为了应对逐步在全球蔓延的金融危机的威胁，以七国集团为代表的主要发达经济体意识到他们需要更多的发展中国家一起参与全球金融危机的治理，这样原本以发达国家集团为中心的经济治理机制就需要被进一步扩大。始建于亚洲金融风暴的二十国集团因为涵盖了世界范围内大部分的发达国家和发展中国家经济体被视为进行金融危机治理的很好的平台之一。在法国、英国、美国和澳大利亚国家首脑的多番协调和游说之下，在原有的二十国集团央行行长和财政部长会议的基础上，成立一个更为高级别的国家领导人峰会得到了集团成员方和主要国际经济组织的积极响应。受到国际经济形势的影响，第一次领导人峰会的主要议题自然地被设置为研究如何应对金融危机。因为各国受到金融危机影响的程度不同，所以在华盛顿峰会上大家的分歧和立场也不尽相同。在发达国家内部，美国是当时遭受金融危机影响最为严重的国家，因此美国主张采取积极的财政政策和货币政策来刺激经济；然而以法国、英国、德国和意大利为代表的"欧洲团队"则从金融危机发生的源头出发，认为应该加强金融治理和监管。而一些发展中国家还没有意识到当下正在发生的危机的严重性和系统性。为了在正式会议举办之前充分了解和协调各国的不同立场和主张，二十国集团成员方领导人在会议筹备过程中进行了密集的多手段的直接沟通，包括双边和多边的直接会面和电话交流。2008 年 10 月下旬，布朗和萨科齐确定了共同的欧洲立场；布朗和默克尔策划了金融市场经济和改革会议；梅德韦杰夫分别与陆克文和贝卢斯科尼会晤；麻生派野上义二等代表走访八国集团国家和印度尼西亚；奥巴马与澳大利亚、英国、加拿大、法国、德国、日本、韩国、墨西哥及以色列等国家领导人进行了电话交谈；哈珀与辛格进行电话交谈①。除了领导人磋商，在峰会正式举行之前又进行了峰会筹备官和财政部副部长会议。

在二十国集团内部，以美国为主导的涵盖了欧洲和北美区域的主要经济体的中央银行行长在经过多轮沟通和磋商之后，在联合降息和签订货币互换协定等货币政策方面首先做出了调整。美国联邦储备系统（以下简称"美联储"）、欧洲中央银行、英国英格兰银行、加拿大中央银行、瑞士国家银行和瑞典中央银行同时宣布降息 0.5 个百分点。在西方主要工业化国家采取联合降息措施之后不久，以中国为代表的主要新兴国家面对如此凶猛的全球金融危机也自发地做出了降息的决策，在一定程度上与联合降息

---

① ［加拿大］约翰·J. 柯顿. 二十国集团与全球治理［M］. 郭树勇，徐谙律，等译. 上海：上海人民出版社，2015：319.

的发达工业化国家达成了默契。联合降息之后，道琼斯股票指数表现出上涨的态势，这不仅说明联合降息起到了一定的作用，更主要的是缓解了市场恐慌，传递了全球共同应对金融危机的信心和决心。这次联合降息是一次规模空前、高效的国家之间就货币政策展开的国际协调。金融危机的发生使得全球的流动性缩紧，急需释放更多的流动性。由于美元作为世界货币，世界上大部分的金融机构都从事美元交易，而且美国本身也会受到外国金融机构向美国申请美元贷款所带来的亏损风险的影响。因此，美联储、欧洲中央银行和瑞士国家银行首先建立了 240 亿美元的货币互换安排。美联储、英格兰银行、欧洲中央银行和瑞士国家银行联合宣布将按固定利率向市场提供的短期美元融资规模扩大到无上限。① 这些在货币互换方面的举措，不断扩大了美元向市场的供给规模，给全球经济注入了更多的流动性。本次在货币政策方面的协调之所以能够如此顺利，主要是因为世界主要经济体在面对共同脆弱性的时候能够表现出最大的合作和协调的意愿和诚意。事实上，二十国集团领导人峰会的成功举行就已经说明了这一点。

在这次峰会上，国际货币基金组织总裁卡恩号召各国采取措施积极应对金融危机并且付诸行动。卡恩在他的发言中指出：首先，各国应该意识到金融危机的发生及其严重性；其次，各国必须采取鼓励经济发展的政策措施，包括积极的财政和货币政策以及开放的贸易政策等；再次，卡恩请求资金上的支持，特别是亟待解决的新兴市场经济体的融资需求问题；最后，为了做好风险预警和政策应对，必须着手建立一个新的全球合作框架，这需要加强监督和监管规则的制定，尽早完善预警系统。

在峰会之前，欧洲国家与美国在应对金融危机方面关注的地方也有所不同。在金融危机对欧洲各国的影响不及美国深刻的时候，欧洲国家主张加强财政纪律，避免由较高的政府债务水平所引起的债务危机的出现。这

---

① 刘霞. 宏观经济政策的国际协调问题研究：基于 2007—2010 年金融危机治理的经验研究 [J]. 金融视线，2013（10）：123.

一主张虽然与美国的想法不一致，但是协调能否成功往往取决于协调参与方做出的妥协与让步。双方通过协商决定依托"金融稳定论坛"成立金融监管委员会，其目的是专门研究金融业监管改革事宜。从防范金融危机和风险发生的角度来看，这一做法对于长期的全球金融业发展意义重大。美国与欧洲国家在金融业监管改革问题的国际协调方面充分展现了协调过程中参与者博弈与妥协的艺术。

2008 年华盛顿峰会开辟了二十国集团领导人会议的先河，在应对全球性金融危机的时候，世界主要经济体能够求同存异，采取了大规模的财政刺激和货币刺激措施，制定方针、路线，以及对从整体上修复银行和金融系统制定了严格的时间表。峰会在由各国政府控制的贸易、财政刺激和国际金融制度改革方面达成了共识。

2. 加强宏观刺激和金融监管与主动贸易自由化和金融机构改革——伦敦峰会

伦敦峰会的召开正逢全球金融危机愈演愈烈的时候，二十国集团成员方不再像在第一次峰会时对于会议主要议题的设置保持较高的一致性。伦敦峰会虽仍然离不开应对全球金融危机这个核心议题，但是在会议刚刚结束的时候，成员方内部就出现了几个重大的分歧。首先，原有的七国集团和八国集团的内部再次出现了之前曾经提出的在优先议题选择上的分歧，即美国总统奥巴马希望尽早采取更多财政刺激措施，然而法国总统萨科齐和德国总理默克尔则注重加强跨国金融监管。为了确保伦敦峰会的顺利举行，英国首相布朗开展了积极的沟通和斡旋工作。在奥巴马入主白宫之前和就职之后，英国首相布朗和奥巴马皆进行了商谈和会晤，双方一致认为二十国集团伦敦峰会应该成为经济合作的首要论坛。美国同意努力实现自己在经济刺激、金融监管及贸易与投资方面的目标。

在加强宏观刺激议题方面，成员方和相关国际组织积极响应 1.1 万亿筹款的号召。美国首先发起筹款活动，为国际货币基金组织筹得 5000 亿美元。日本为了实现量化宽松政策，加强同美国之间的合作，为国际金融机构提供 100 亿美元，进而促使美国和欧盟分别投入 1000 亿贷款，作为伦敦峰会 11000 亿融资的一部分。中国在筹款方面也表现出承担全球责任的意愿，做出承诺愿意为国际货币基金组织的 5000 亿新融资支持计划提供至少 400 亿美元。二十国集团领导人最终承诺将采取刺激财政和货币的行动，以帮助经济恢复增长。除了做出刺激经济的承诺，二十国集团还将筹集额外资金的决定权交由国际货币基金组织，由该组织确定需要多少资金，以结束各国竞相进行的货币贬值形势，同时也加大了对二十国集团成员的经济与金融部门的监管力度。

由于峰会讨论内容的有限性，金融监管与治理、国际金融改革和贸易方面的议题被放在了次要的位置，因此成果远低于上述预期。首先，伦敦峰会确立了基于市场原则的有效监管这一基本原则，其目的是恢复贷款、重塑信任、重振信心；其次，峰会参与者一致认为，恢复国内借贷是建立财政和货币刺激的关键，而这些刺激政策也正是恢复经济增长的关键；再次，二十国集团领导人对实施更为切实有效的财政退出战略的呼声比华盛顿峰会更大；最后，应该在国内建立一系列力度强大、符合国际高标准的监管体系。在国际金融改革方面，新筹集的 1.1 万亿美元中，除将 2.5 亿美元分配给国际货币基金组织，用于其注资特别提款权以外，另有 1000 亿美元分配给世界银行。在贸易和投资方面，二十国集团领导人将延长反保护主义贸易和促进投资承诺到 2010 年年底[①]。成员方决定增加补救措施，纠正任何违背承诺的状况，同时承诺避免财政和金融领域的保护主义。但是贸易议题始终不是本次峰会的重要议题，因此从最终达成的成果来看也只是局限于承诺阶段，并没有实质行动。

---

① Layton, Duane and Smith, Tiffany. Ditching Doha? [J]. *International Economy*, 2009, 23 (2): 21–23.

3. 宏观经济政策的激励机制的保留与退出——匹兹堡峰会

在匹兹堡峰会召开之前，各国对于金融危机是否结束的判断产生了分歧，其中有一些国家认为金融危机即将结束，是时候来讨论宏观经济刺激政策的退出机制，但是大部分国家认为金融危机还没有结束。这一分歧的产生与当时的全球经济形势不无关系。2009 年 9 月，全球经济开始显现出增长迹象。由于经济低迷的状态已经结束，全球经济保持发展的势头，各成员方领导人开始对未来两年做出展望，自然将注意力迅速转移到"强劲、可持续、平等增长框架"上来。德国和法国的经济较早开始增长，因此两国希望峰会将重点放在撤销主要财政和货币激励机制上，其目的是防止经济萧条的再次发生和重振全球经济。然而，美国、英国和加拿大的经济仍然处在水深火热之中，这三国的失业率上升、消费水平急剧下降、市场信心大幅减弱。因此，这些国家认为复苏是各国政府做出的前所未有的激励机制所带来的结果，目前的经济复苏态势仍然处于不够稳定的状态，所以各国政府仍然需要继续保留经济刺激机制。实际上，美国和欧洲国家在制定宽松的货币政策方面达成了共识，实现了良好的政策协调。为了刺激实体经济，美国政府在减税、增加财政支出等财政政策方面不遗余力。具体而言，主要表现在 2008 年布什政府推出的《一揽子经济刺激法案》和 2009 年奥巴马政府制定的《美国恢复与再投资法案》。布什政府减税总额高达 1680 亿美元，该计划惠及 1.17 亿户美国家庭；奥巴马政府实施经济刺激计划的金额高达 7872 亿美元，并且主要分配在政府公共支出和减税两大财政刺激政策上。这轮财政刺激政策的主要特点是资金规模空前，而且在刺激经济复苏的同时实现了美国经济结构的转型升级。经过最后一次筹备官会议，各成员方似乎已经默认将二十国集团打造成为经济治理的永久性首要论坛。二十国集团的议程正从应对金融危机逐步扩展到宏观经济政策协调层面，其主要内容是促使二十国集团改变关注点，更加重视预防危机的再次发生。二十国集团的其他成员方从自己国家实际情况出发，大部分支持美国等国的观点，因此匹兹堡峰会的主要议题变成了将刺激措施坚持到底，而非采取急于退出的策略。虽然在峰会上同时也讨论了经济刺激政策的退出策略，但是最后大家一致认为退出策略的实际行动仍然不能操之过急，需等到经济复苏得以稳固后再开始。

4. 延续经济刺激与财政可持续——多伦多峰会

原本按照匹兹堡峰会的议程和最后的公报，随着全球经济形势的变化，二十国集团成员方在多伦多峰会上应该就需要进一步实施经济刺激政策还是落实刺激政策的退出策略展开深入的讨论和协调。但是由于欧洲债务危机的突然爆发，多伦多峰会进而转向了需要协调各国在延续经济刺激政策与进行财政整顿以保持其可持续的分歧。在多伦多峰会第三次筹备官会议上，加拿大公开提出希望推动财政整顿。加拿大总理哈珀向二十国集团成员方致信强调发达国家财政有序的重要性，并且呼吁各国保证到2013年减半赤字，并在2016年稳定债务同国内生产总值的比率①。以英国、德国为代表的欧洲国家普遍支持加拿大的观点。日本首相受到近期即将面临参议院选举的影响，在紧缩政策方面的态度更为犹豫。然而，美国总统奥巴马之后提出了先刺激再进行财政整顿的提议，巴西对该提议持支持的态度。因此，第四次筹备官会议主要协调的就是刺激经济增长和控制财政赤字与负债之间的矛盾，希望最终能够实现两者之间的平衡。根据匹兹堡峰会的计划，刺激措施将会被延续到2010年，并且美国在发展中国家的支持下强调延长刺激政策有利于采取共同行动的观点。加拿大主张在年内延续刺激的同时，需要让市场看到在经济增长恢复的同时政府在有计划地控制赤字。欧洲国家希望明确地表达出必须现在就像德国和英国那样控制财政赤字。在多伦多峰会召开之前的最后一次筹备官会议上这一分歧仍然没有最终解决。

① Reuters. Canada PM Harper's Letter to G20 on Deficits [R]. 2010, June 18.

同年 6 月，二十国集团财长会议举行，因为受到希腊债务危机的影响，财政部长们不得不抛开原先准备的议程，开始从刺激转变到退出策略和财政可持续。在最后的多伦多领导人峰会上，虽然以美国为首的巴西、印度和阿根廷等国家仍然坚持延续经济刺激和将复苏放在首位的观点，但加拿大在欧洲主要国家的支持下，最终提议并且达成了一项相对折中的协议。哈珀提议为发达国家制定具体债务及赤字削减的时间表和目标。除了日本以外的所有发达国家都承诺到 2013 年将本国赤字减半，到 2016 年将稳定或削减债务所占国内生产总值的比率。另外，各国也意识到财政赤字的增加或者削减会使脆弱的经济面临更大的风险。因此，各国同意这个措施是自愿的，每个国家应该根据自己国家的实际情况，量身定制自己的财政赤字的削减计划，同时对没有能够达到目标的国家也不会采取任何制裁措施①。

5.2 后金融危机时期二十国集团宏观经济政策的国际协调

随着金融危机的影响在全球范围内的逐渐减弱，自 2010 年之后，各国经济陆续开始复苏。但是由于各国自身的差异较大，因此在经济复苏过程中出现了明显的不同步的状况。二十国集团领导人峰会并没有因为金融危机的结束而消失，反而保持着一年至少召开一次峰会的进度一直延续到现在。从这一点来说，二十国集团领导人峰会作为全球治理特别是全球经济治理的平台机制已经形成，这与各成员方的积极主动寻求合作和协调的意愿和行动密不可分。

---

① G20. The G20 Toronto Summit Declaration [R]. Toronto, 2010, June 27.

5.2.1　后金融危机时期二十国集团宏观经济政策协调的背景

纵观后金融危机时期，全球经济的复苏之路也不是一帆风顺的。就在世界各国还没有完全走出金融危机之时，欧洲国家就发生了债务危机。2009 年 12 月，全球三大评级公司纷纷下调希腊主权评级。随后，爱尔兰、西班牙和葡萄牙等国也陆续出现了债务问题，2010 年起欧洲其他国家也开始陷入债务危机，希腊已非债务危机主角，整个欧盟都受到债务危机困扰。德国等欧元区的龙头国都开始感受到危机的影响。因为欧元大幅下跌，加上欧洲股市暴挫，整个欧元区正面临成立 11 年以来最严峻的考验。由于希腊迟迟没有解决债务问题，2010 年 4 月，标准普尔公司将希腊主权评级降至"垃圾级"，至此债务危机进一步升级。由于希腊债务危机，市场对欧元区国家债务危机的恐慌心理加重，欧元区部分国家的债务危机愈演愈烈，区域经济复苏前景黯淡。

除了欧洲债务危机以外，全球生产和贸易格局也发生着深刻变化。发达国家"去工业化"进程缓慢，发展中国家工业化进程受到一定程度的影响。贸易保护主义再次抬头，从发展中国家偏爱贸易保护主义转变到发达国家偏爱贸易保护主义。与此相适应，发达国家提高储蓄率和发展中国家提高消费率成为一种发展态势，这也会深刻改变两大类国家的经济结构和生活习惯。以新兴市场经济体为代表的广大发展中国家面临金融危机时期采取的过度的刺激政策带来的居高不下的通货膨胀的后遗症和全球经济增长低迷带来的外需不足的双重压力，普遍出现了经济增长动力不足，增长速度放缓甚至是下降的现象。

受到金融危机的影响，全球金融体系也发生了变化。随着美国在全球经济总量中所占份额的进一步下降，以及世界贸易和投资数额的持续扩大，美元国际结算货币的霸主地位、美国金融市场作为全球资源配置中心的地位将受到严重挑战。受这些因素的影响，美国金融体系在全球的地位将会逐渐下降；在二十国集团、金砖国家机制和国际货币基金组织等国际经济组织的大力推动下，发展中国家在国际金融体系中的地位和作用有所增强。金融危机使人们看到失去监管的金融市场的破坏力，各国主权投资基金与金融创新会更加谨慎。加强金融监管已成为全球共识，强调金融谨慎发展原则及回归实体经济成为一种良性发展之所需。

对于二十国集团来说，在金融危机之后的这一段时期，机遇与挑战并存。二十国集团领导人峰会已经得到了广泛的认可和支持，但是在面对世界经济发展不确定性和重重困难的时候，宏观经济政策国际协调的动力和效果也会面临更大的挑战。

5.2.2 从首尔峰会到杭州峰会的宏观经济政策协调

从 2010 年到 2016 年，二十国集团领导人峰会先后经历了韩国首尔峰会、法国戛纳峰会、墨西哥洛斯卡沃斯峰会、俄罗斯圣彼得堡峰会、澳大利亚布里斯班峰会、土耳其安塔利亚峰会到中国杭州峰会。二十国集团领导人峰会不再像金融危机时期的会议只是在发达国家举办，其中墨西哥、土耳其和中国都是发展中国家。同时，每一届峰会的议题也不如金融危机时期集中，充分反映了主办国对于峰会议程和议题的塑造权力。就宏观经济政策的协调这一议题而言，依然会是每一届峰会的必选话题，这也反映了二十国集团作为全球重要的经济治理平台这一重要定位。

2010 年首尔峰会是首次由美国和欧洲以外的非金砖国家经济体来举办的峰会。这次峰会的重点是通过加强全球私人银行建设和推动国际货币基金组织改革，促进金融稳定。同时作为金融危机复苏阶段的重要会议，在这次峰会上加强金融安全网建设和采取金融危机预防性措施的倡议也被提出。因为峰会的举办地韩国距离欧洲较远，所以首尔峰会并没有很好地就当时正在欧洲希腊和爱尔兰发生的债务危机提出任何政策协调方面的应对措施。

2011 年峰会在法国召开，法国是欧洲重要的经济体和欧盟区域内的重要国家，同时法国总统萨科齐也是二十国集团领导人峰会重要的发起者和倡导者。这次峰会不仅讨论了推动二十国集团自身机制化运行等相关问题，更为重要的是在应对欧洲债务危机方面提出了具体方案。二十国集团领导人一致同意重新提出中期财政整顿计划，为一个短期刺激措施创造机会和条件。各国也同意切实增强汇率弹性，尊重和发挥市场的积极作用。这次峰会还提出应当支持和帮助国际货币基金组织，通过提高其信用使其为受市场恐慌影响的欧洲国家提供经济支持，推进国内之前已经做出重要承诺的改革。戛纳峰会成功遏制了在希腊和意大利都达到临界点的债务危机的恶化，出手解救了欧洲，使欧盟从仅靠自身应对债务危机却屡战屡败的局面中解脱出来①。

2012 年墨西哥洛斯卡沃斯峰会首次来到一个真正意义上的发展中国家。这次峰会一方面成功地推动了二十国集团从一个主要用来应对金融危机的委员会发展为一个引领全球经济发展的委员会②；另一方面的焦点仍然在欧洲债务危机。为了控制欧洲债务危机，洛斯卡沃斯峰会承诺支持希腊进行改革和走可持续发展的道路，并且鼓励其他欧元区成员方采取便捷、详细的短期措施，推动实现超国家的泛欧银行监管和存款保险制度，进行快速明确的短期转变，并实施"一切有必要的措施来维护该地区的完备和稳定"③。洛斯卡沃斯峰会能够在二十国集团这个全球经济政策协调平台上达成就解决欧洲债务危机的一系列承诺与七国集团、金砖国家峰会、国际经济组织和二十国集团内部非欧盟成员方的共同努力协调有着重要关系。在峰会召开前夕，欧洲债务危机形势严峻并且还在不断蔓延，西班牙国债的收益不断攀升。八国集团在一个月之前在戴维营峰会率先提出

---

① [加拿大] 约翰·J. 柯顿. 二十国集团与全球治理 [M]. 郭树勇，徐谐律，等译. 上海：上海人民出版社，2015：493.
② Cooper, Andrew F. The G20 as the Global Focus Group: Beyond the Crisis Committee/Steering Committee Framework [R]. 2012, June 19.
③ G20. G20 Leaders Declaration [R]. Los Cabos, 2012, June 19.

促进经济增长和就业，强调财政负责的全球战略。七国集团在峰会前夕召开了财政部长会议，并且联合声明积极回应希腊等国偏紧缩的财政政策。国际货币基金组织等重要的国际机构决定对欧洲债务危机施以援手，国际货币基金组织帮助筹集 4560 亿美元。金砖国家峰会同时对欧盟、国际组织和二十国集团的决定与行为表示支持。在二十国集团内部，除了欧洲国家以外，俄罗斯、中国和墨西哥都对发挥二十国集团的国际责任、采取措施解救欧洲国家的经济缓慢增长表示赞同。

随着欧洲国家逐渐从债务危机中走出来，2013 年俄罗斯圣彼得堡峰会成为二十国集团领导人峰会成立以来实现最多成果的一次会议。成员方国家首脑意识到二十国集团中的各国是世界主要经济体，应该共担加强市场开放和基于规则的全球经济体系的责任。在确保财政可持续的同时，实现更强劲的复苏。本次峰会特别关注了青年人的失业和低就业问题。各国承诺通过协调整合公共政策，包括宏观经济、金融、财政、教育、技能开发、创新、就业和社会保障等，确保实现充分就业。峰会同时提出重视长期投资融资，包括为基础设施和中小企业融资，以促进经济增长、创造就业和发展。通过自由和基于规则的贸易创造经济机会，并呼吁所有世界贸易组织成员显示必要灵活性，推动多边贸易谈判取得成功①。在组织结构上，本次峰会增加了一次财政部长和劳动部长的联席会议，并将成员方的商务工作、劳动工作、青年工作和国民工作纳入二十国集团的工作范围内。

2014 年布里斯班峰会召开，此次峰会的核心议题是将未来五年的全球增长率在 2013 年 10 月估测的基准线上额外增加 2% 以上的计划。但是各国领导人对于这个目标没有表态，而且要想实现这一目标，与会国必须完成《布里斯班行动计划》中将近 1000 项的承诺。从宏观经济政策协调的角度来说，这一目标需要各国的共同努力，而且还需要必要的问责机制

---

① G20. G20 Leaders Declaration［R］. St Petersburg, 2013，September 6.

来保证相关承诺的实现。显然这些在布里斯班峰会上都没有确定。

从协调的形式来说，2015 年的土耳其安塔利亚峰会不仅与之前的峰会一样，进行了筹备官、财长和政府官员会议，还召集了各成员方的农业部长、劳动部长、能源部长和贸易部长峰会，试图将促进经济增长和协调经济政策拓宽到经济的每一个领域。

2016 年的二十国集团峰会在中国杭州举办，世界上最大的发展中国家——中国首次成为二十国集团峰会的东道国，备受国际社会和中国国内社会的期待。为了实现杭州峰会的成功举办，中国从创新增长方式、完善全球经济金融治理、促进国际贸易和投资、推动包容联动式发展四个重点领域进行峰会筹备工作，先后举行四次协调人会议和一次协调人与财长、央行行长联席会议。最终会议确定了"构建创新、活力、联动、包容的世界经济"这一主题。杭州峰会仍然把宏观经济政策协调视为首要议题。与会各国决定将各自以及共同使用所有政策工具，包括货币、财政和结构性改革政策，以实现强劲、可持续、平衡和包容性增长的目标。在货币政策方面，主张将继续支持经济活动，保持价格稳定，与中央银行的职责保持一致，但仅靠货币政策不能实现平衡增长。在强调结构性改革发挥关键作用的同时，我们还强调财政战略对于促进共同增长目标的实现同样重要。在实施财政政策方面，实施增长友好型的税收政策和公共支出，包括优先支持高质量投资，同时增强经济韧性并确保债务占国内生产总值的比例保持在可持续水平。同时，成员方也同意在必要时可采取适合各国国情的政策措施，以支持增长和应对潜在风险，包括应对资产负债表的脆弱性①。《杭州峰会公报》显示出本次会议涵盖了最为丰富的议题，这说明二十国集团通过协商和讨论在这次会议上就更多的问题达成了广泛的共识。中国经济的发展在经历了高速增长和金融危机之后面临着内部动力不足和国际环境不确定性的双重挑战。在经济增长从高速向中高速转型的过程中，中

---

① G20. G20 Leaders' Communiqué: Hangzhou Summit [R/OL]. Hang Zhou, 2016, September 5. http://www.g20.utoronto.ca/2016/160905 - communique.html.

国提出了供给侧结构性改革的新思路。在经济全球化的背景下，不可能有国家可以脱离国际市场而独自发展，因此二十国集团杭州峰会为中国提供了一次主动与其他重要经济体国家进行宏观经济政策协调的机会。从全球经济发展的角度来看，作为第二大经济体的中国经济的增长为世界经济的增长贡献巨大。历届峰会上推动的结构性改革在杭州峰会最终得以落实，进而解决了全球经济发展中的深层次和中长期可持续问题。

5.3 二十国集团宏观经济政策协调案例的比较

本章前两节从经济周期同步性的角度分别梳理了二十国集团峰会在金融危机时期和后金融危机时期在宏观经济政策协调这一议题方面的协调过程。

5.3.1 金融危机时期与后金融危机时期二十国集团宏观经济政策协调的形式与效果对比

从协调的形式来看，二十国集团无论是在应对全球性金融危机时还是在面对后金融危机时期的欧洲债务危机以及成员方面临不同情况的经济增长困境的时候都展开了丰富、全面和有层次性的宏观经济政策协调。二十国集团成员方的政策协调在参与主体的层次上，不仅包括了国家领导人之间的最高层次的直接会晤与沟通、国家间财政部分与中央银行等核心经济金融部门层面的协调，以及国家间民间私人部门、专家和智库之间的协调，而且充分利用了已经形成的各种多边平台与国际组织。从国家最高权力机构到宏观经济的具体参与者，从双边会晤到多边平台，足可见协调参与方对国际协调的高度重视。在客观上也充分说明了在面对共同脆弱性的时候，国家之间政策的相互依赖性显著增强，在此基础上更容易调动各国参与国际协调的主动性，进而提高协调的效率。

从协调的效果来看，参考第 4 章对于二十国集团宏观经济政策协调效果的实证研究结果，在对金融危机时期与后金融危机时期的二十国集团政策协调进行案例分析的基础上，发现二十国集团在金融危机时期通过峰会的积极协调能够快速走出金融危机并且经济开始复苏，这充分说明成员方在金融危机时期取得了更好的宏观经济政策协调效果。在后金融危机时期，相比较而言，成员方在经历不同的经济周期后，各国更有可能从自身的实际情况和利益出发，因此宏观经济政策的协调效果较差。但是，在欧洲大部分国家深陷债务危机的时候，二十国集团虽然作为一个多边的协调平台，一些非欧洲国家仍然能够从大局出发，表现出负责任的系统重要性经济体的大国形象，积极主动地与欧洲主要国家展开政策协调并且推动二十国集团在应对欧洲债务危机方面作出更大的贡献，最终使得欧洲国家尽快走出债务危机的泥潭。

5.3.2 金融危机时期二十国集团宏观经济政策协调的经验

第一，金融危机带来的共同脆弱性促使成员方产生了主动开展政策协调的意愿和从大局出发做出了妥协。无论是金融危机还是欧洲债务危机，都使得面临危机的国家意识到真实存在的共同的脆弱性。共同的脆弱性促使国家愿意采取积极主动的态度就如何应对危机采取政策协调。在一个经济全球化和经济相互依赖不断加强的国际社会中，主要经济体所制定的货币和财政刺激政策都会通过开放经济传导或者影响到其他国家的经济。二十国集团成员方领导人参与二十国集团经济刺激政策协调的意愿促成了二十国集团领导人峰会的召开，并且在峰会中做出适当的妥协，推动了宏观经济政策协调的成功。

第二，现有的国际经济组织和多边协调机制的低效与失灵。1944 年召开的布雷顿森林会议，成立了国际货币基金组织和世界银行，布雷顿森林体系在之后的很长一段时间内成为主要的全球经济治理机制。随着全球经济的发展以及金融危机的发生，原有的布雷顿森林体系遭受了一次又一次的挑战。以七国集团为代表的 $G(X)$ 协调机制同时也受到了有限代表性和合法性的质疑。在面对全球性经济问题时，越来越多的发达国家意识到发展中国家在国际经济中发挥着不可替代的作用，因此应该将更多的发展中国家纳入新的全球治理和经济政策协调的框架内。

第三，二十国集团成员方的广泛的代表性和峰会领导人协商机制的权威与高效。二十国集团成员方虽然没有涵盖世界上所有的主权国家，但是包括了最重要的发达国家和发展中国家。发达国家和发展中国家之间，以及七国集团或者八国集团成员内部在二十国集团宏观经济政策协调方面发挥全球主导能力和内部平衡能力。二十国集团峰会的成立直接建立了目前为止相对最为广泛的国家领导人之间的直接沟通和协调。在集团内部，成员方整体上强大的政治控制、资本运转、连续性和能力使得成员方领导人所做的相关承诺更具权威性，因此协调也更加高效。

第四，二十国集团关键成员方领导人主动承担协调和斡旋的责任。从华盛顿峰会到多伦多峰会，每一次就宏观经济政策进行协调时，各国首先都会从自身的国情出发，因此不可避免地会产生一些分歧。但是每一次峰会基本上都可以就相关问题在一定程度上达成共识。在这里起到关键作用的是一些主动承担协调责任的国家领导人和相关协调会议的召开。在金融危机时期的历次领导人峰会中，英国首相布朗、法国总理萨科齐、美国总统奥巴马、加拿大总理哈珀和一些发展中国家领导人的协调作用对最后各国顺利走出金融危机并且实现复苏都起到了重要作用。

5.3.3 后金融危机时期二十国集团宏观经济政策协调的教训

第一，东道国常会利用议题设置和决策的主导权更多地设置与自己关注的内容相关的议题。后金融危机时期的峰会的会议议题的设置往往都贴有东道国的标签。东道国在设置峰会议题的时候往往过多地关注自己国家所面临的国内外困难与挑战，当然这也是无可非议的。例如，在首尔峰会上对于当时正在发生的欧洲债务危机的讨论和协调较少，而到了戛纳峰会，法国将会议的焦点立即转向了应对欧洲债务危机方面。这样的会议议题的设置使得二十国集团峰会在后金融危机时期显得缺乏连续性和关注点，相应的政策协调的效果也很有可能大打折扣。

第二，金融危机过后，成员方因缺乏共同的脆弱性丧失了协调的动力。金融危机过后，二十国集团成员方开始逐渐失去共同关心的集体脆弱性。虽然历届峰会仍然会设置宏观经济政策协调这一议题，而且大部分峰会会把宏观经济政策协调作为峰会的首要议题，但是更多的需要协调的问题是个性的或者仅仅是区域性的。应对欧洲债务危机的协调相对来说是后金融危机时期协调效果较好的议题，但是它也不构成集团内部所有国家的共同脆弱性。针对欧洲债务危机的政策协调，部分非欧洲国家表现出来的积极态度和参与度也只是这些国家表达二十国集团峰会机制有必要持续下去的一种态度，他们会认为作为世界上主要的经济体需要担负更多的国际责任。但是，并不是所有的国家，特别是大部分的发展中国家都是这么认为的。

第三，议题数量增多，而会议期限和资源投入有限，导致协调效率较低。从首尔峰会开始，明显可以感受到每一次峰会都不如金融危机时期的协调内容那么的聚焦，反而被加入很多新的议题，这些议题实际上有很多已经脱离了全球经济治理平台的定位。议题数量的增加一方面可以说明二十国集团峰会机制被赋予更多的职能，成员方希望在这个平台上能够解决更多的国际问题；另一方面也使得峰会在资源和时间都有限的情况下，在急需解决和协调的领域方面无法达成有效的成果。因此，二十国集团虽然应该在议题设置方面有所发展，但是不应该承受与其定位显然并不匹配的更多责任。

第四，二十国集团峰会处于一种机制化路径的形成和探索中，因此协调机制仍不成熟。二十国集团领导人峰会的合法性一直以来备受诟病。经过长时间的发展，二十国集团目前仍然是布雷顿森林体系下的一个非正式协调平台。虽然已经积累了一些国家之间在宏观经济政策的国际协调方面的经验，也形成了一些协调和筹备的独有模式。但是二十国集团峰会仍然没有建立自己的秘书处，也没有合法的章程，无法保证理论上所要求具备的明确性、制度性和代表性，也不具有如联合国和国际货币基金组织等的合法性。甚至在一些具体涉及宏观经济政策协调的议题方面，峰会无法对成员方自己做出的承诺设计和实施问责机制。

5.4　本章小结

本章在实证研究了二十国集团宏观经济政策国际协调效果的基础上，比较研究了全球金融危机时期和后金融危机时期的二十国集团峰会在宏观经济政策协调议题方面的两个案例。全球金融危机的发生不仅促成了二十国集团领导人峰会的召开，而且在这一时期召开的峰会无不紧密围绕着共同应对金融危机展开了多层次、全方位和高效率的宏观经济刺激政策协调。虽然各国受金融危机影响的先后顺序和程度不同，因此在政策协调过程中也产生了一些分歧，但是最终都因为共同的脆弱性取得了一定的成功，全球经济很快开始复苏，并且逐渐走出危机。后金融危机时期，二十国集团领导人峰会并没有因为金融危机的结束而终止。但是这一时期的峰会除了欧洲国家需要从债务危机中解脱和维持经济增长这个共同目标以外，各国的实际情况差异较大，经历的经济周期也不同步。这些无形中给二十国集团峰会的发展和机制化的形成带来了更大的威胁与挑战。其中，后金融危机时期针对欧洲债务危机的宏观经济政策的协调相对也是成功的。一方面，欧洲国家充分利用域内国家作为二十国集团领导人峰会东道主的机会为应对危机展开充分的财政可持续的政策协调；另一方面，一些二十国集团成员，特别是某些发展中国家主动承担国际责任，积极配合并且共同促进相关政策协调的顺利进行。

本章在梳理了经济周期相对同步和非同步时期的二十国集团宏观经济政策协调过程的基础上，总结了同步经济周期下协调效果较好的经验和非同步经济周期下协调效果较差的教训。本章发现在金融危机时期，首先，金融危机带来的共同脆弱性促使成员方增强了主动开展政策协调的意愿和从大局出发做出妥协的决心；其次，现有的国际经济组织和多边协调机制的低效与失灵；再次，二十国集团成员方的广泛的代表性和峰会领导人协商机制的权威与高效；最后，二十国集团关键成员方方领导人主动承担协调和斡旋的责任。在后金融危机时期，首先，东道国常会利用议题设置和决策的主导权更多地设置与自己关注的内容相关的议题；其次，金融危机过后，成员方因缺乏共同的脆弱性丧失了协调的动力；再次，议题数量增多，而会议期限和资源投入有限，导致协调效率较低；最后，二十国集团峰会处于一种机制化路径的形成和探索中，因此协调机制仍不成熟。

第6章　中国参与二十国集团宏观经济政策国际协调的对策研究

　　全球经济周期的非同步性给宏观经济政策的国际协调带来了很大的挑战，世界主要经济体虽然在经济政策协调方面表现出了很大的诚意与意愿，但是全球经济仍然备受客观的全球经济增长乏力和偶发的制约全球经济安全和可持续发展的事件影响。环境污染、气候变化、能源不足、贸易保护、货币战争、恐怖主义、公共卫生威胁、难民问题等不断困扰着全球经济的发展和各国社会的稳定，全球经济治理和二十国集团的未来发展令人担忧。英国脱欧，美国总统特朗普上台后宣称以美国利益为根本出发点制定内政外交政策，难民问题不断地困扰着欧洲大陆，这些接踵而来的不确定性和麻烦让西方主要发达国家应接不暇，再也不愿意甚至是无力承担全球治理的重任。在全球经济增长潜力不足的客观事实面前，特别需要有一个能够真正担负起全球经济治理责任，愿意无私地提供全球性公共产品和欢迎世界各国搭乘经济发展快速便车的国家能够站出来。虽然中国也同样面临着国内经济增长放缓和供给侧结构性改革的压力，但是作为全球最大的新兴发展中经济体和负责任的大国，我们主动提出愿意为国际社会提供公共产品，并且也欢迎各国搭乘中国经济增长的高速列车，中国也愿意在推动贸易自由化、国际金融体系改革、宏观经济政策国际协调和控制碳排放等关乎国计民生发展问题方面贡献力量。与此同时，处于特殊时期的国际社会也需要中国这样的大国。虽然二十国集团在一些方面还有很多不足，但是在未来的时间里其仍然会是全球经济治理和国际经济协调的首要平台，中国想要在国际舞台上发挥更大的作用，是离不开二十国集团机制的。本章将会在展望二十国集团的未来发展方向和前景的同时，分析中国在宏观经济政策的国际协调机制中的表现，最后针对中国如何更好地参与二十国集团宏观经济政策的协调机制提出意见与建议。

6.1　二十国集团与宏观经济政策协调机制的发展与前景

宏观经济政策协调一直以来都是二十国集团峰会的重要议题之一。通过回顾和总结历届峰会在成员方之间展开的宏观经济政策协调实践，不难发现二十国集团的宏观经济政策协调的难度之大和过程之艰辛。尽管如此，宏观经济政策协调议题仍然出现在历届峰会之中，而且在二十国集团框架下协调宏观经济政策已经成为各成员所达成的一致意见。

6.1.1　二十国集团设立宏观经济政策协调机制的必要性

1. 宏观经济政策国际协调的必要性

在开放经济条件下，各经济体之间由于国际贸易和资本流动而紧密地联系在一起，汇率渠道的存在使得开放经济条件下与封闭经济条件下的宏观政策表现出明显不同的效果。在封闭经济中，一国只需要根据本国的经济状况制定政策以达到其想要的经济目标。但是在开放经济中，一国将面临更加复杂的情况。一国的政策将对他国产生影响，表现为政策的"外溢效应"；与此同时，其他国家的政策影响也会"溢入"本国，干扰本国政策的实施效果。因此，各国在制定政策时必须考虑这种相互影响的外部性，这就要求各国进行政策协调以增加经济福利。

　　事实上，这种宏观经济政策的"外溢效应"在金融危机发生之初并不显著，因为各国在面临突如其来的风险的时候都会竭尽全力制定和实施强有力的应对措施，这时的各国根本想不到彼此之间的政策的"外溢效应"潜在的负的外部性。况且这种政策的外部性从实施到显现出效果也需要一定的时间，因此并不为各国所重视。但是，当金融危机逐渐消退，各国陆续进入危机后的经济复苏阶段，宏观经济政策的"外溢效应"的负的外部性开始显现并且被各国所诟病。各国经济在这一阶段出现了复苏周期的非同步性以及经济增长的不平衡性，同时还伴随着高通货膨胀等恶性的经济现象，而且可能会愈演愈烈，这时急需世界各国就自己制定的宏观经济政策进行协调。如果是在封闭经济中，各国采取各自为政的措施也并无大碍。但是在经济全球化条件下，仅仅基于本国的经济状况制定政策而无视政策的外部效应，或者仅仅以本国理性追求自身利益最大化而不惜损害他国的利益，那么最终的政策效果难以形成集体福利，更无法推动全球经济复苏。①

2. 二十国集团在宏观经济政策协调中的作用

　　二十国集团是现今在国际社会中各国进行宏观经济政策协调中最重要的，也是首要的经济合作平台。同时，宏观经济政策的国际协调也是历届二十国集团领导人峰会的常设议题和重要议题。可以说既是二十国集团选择了宏观经济政策的国际协调，也是宏观经济政策的国际协调选择了二十国集团这个平台。宏观经济政策的国际协调的特殊性和困难性决定了在二十国集团这个平台上设立相关议题的重要性。因此在这一平台上讨论宏观经济政策的协调问题再合适不过。

　　二十国集团为宏观经济政策的国际协调提供了最高级别的谈判和协调的会议，即二十国集团的领导人峰会。会议级别的提高使得宏观经济政

---

① 杨力．二十国集团发展报告（2012）［M］．上海：上海人民出版社，2013：35.

策的国际协调在世界经济舞台上更具有重要意义，也增加了经济政策协调的广泛的代表性和有效性。与其他正式的国际组织或者国际机制相比，二十国集团这个平台更适合协调国家之间的宏观经济政策。无论是布雷顿森林体系保留下来的正式国际组织如国际货币基金组织、世界贸易组织、世界银行、金融稳定理事会还是西方主要发达工业化国家之间的七国集团（G7）、新兴发展中经济体之间的金砖国家组织，与二十国集团相比，或者只关注于宏观经济政策的某一方面，或者缺乏更广泛的代表性和包容性。二十国集团在宏观经济政策的国际协调方面的意义在于它让世界主要的经济体意识到宏观经济政策国际协调的必要性，让这些主要经济体的领导人们愿意从世界经济的大局出发，虽然可能会牺牲一些暂时的本国利益，但是换来的是全球经济的每一个参与者长期的可持续发展。二十国集团就像是在"囚徒的困境"案例中的合作的状态。各国如果只是以个体理性追求自身的利益的最大化为博弈策略的出发点，最终产生的一定是对所有人都不利的结果。相反，各国如果能够以集体理性、效率、公正和公平为出发点，那么在博弈过程中各方能够获得的利益都会增加，或者至少是一方的利益不受损害，而他方的利益有所增加，从而使得整体的利益有所增加。

6.1.2　二十国集团宏观经济政策协调机制的未来发展方向

1. 二十国集团宏观经济政策国际协调机制的改进

尽管二十国集团有一些不足，但是其存在也有合理和必要之处。假设没有二十国集团，在世界范围内就缺少了一个可供主要经济体之间进行协调和沟通的平台，也就谈不上什么全球经济治理了。现在大家关心的问题不应该是因为他的不足而急于否定二十国集团存在的意义，而应该是在梳理和广泛分析他的不足之处的基础上，不断地完善二十国集团的国际协调和经济治理机制。本节将会基于前文对二十国集团不足的分析，从二十国集团宏观经济政策协调机制化建设、议程内容和设置程序的完善，以及加强与外部非成员方和其他国际组织的互动与联系三个角度提出改进之道。

（1）加强二十国集团宏观经济政策协调的机制化建设。二十国集团没有形成正式的组织结构和内部规则，领导人峰会的决议对于成员方几乎没有约束力，因此很容易形成"背叛"。二十国集团首先应该建立彼此之间的互信，培养成员方的全球意识和集体意识。在这一点上，二十国集团内的大国尤其应该作出贡献。大国在议题的设置和峰会的协议中往往起到主导作用，也很有可能是获益最多的一方，根据权利与义务对等的原则，大国也应该担负起与自己国际地位匹配的责任。大国的主动承担和认真履约会在二十国集团内部形成良好的示范效应，大国牵头主动遵守和执行峰会所达成的协议，将有利于提高二十国集团的有效性。

另外，只是依靠成员方的意识的提高还是远远不够的。二十国集团应该建立内部的责任机制或者是问责机制，以防止二十国集团达成的很多协议存在严重不足的法律约束力，进而降低成员方对协议的执行力。问责机制的建立可以有效地利用制度来限制和监督成员方认真履行约定，增加二十国集团的可信性。事实上，在匹兹堡峰会后，二十国集团已经建立了一个类似的相互评估机制。在该机制下，各国将进行互相评估，以衡量各自所采取的政策是否能实现共同商定的目标。各经济体首先根据自身经济状况制定出本国经济政策的目标、内容及预期；而后各国在国际货币基金组织、世界银行的督促和指导下对政策进行相互评估，以确定各经济体的政策是否适合于共同商定的可持续目标；最后，在此基础上提炼出具体的政策建议①。这种相互评估机制的建立在一定程度上可以提高成员方履约的概率和二十国集团所制定的协议的有效性。然而，该机制更多的是有利于制定一个适合成员方来执行的协议，当协议发布之后，成员方是否

---

① 李蕊. 货币政策的以邻为壑效应与国际协调研究：以量化宽松政策为例［M］. 上海：上海人民出版社，2015：174 - 175.

能够真正履约和执行更多地需要靠监督机制。这种情况很像"囚徒的困境"，囚徒之所以能够坦白自己的罪行是因为他们选择沉默会付出更多的代价。因此，设计更多的监督机制对于提高二十国集团的协调效果有着积极的作用。二十国集团的监督机制可以是多层面的。首先，可以设立一个具有代表性的专家组作为峰会的常设机构，负责监督和评估成员方对峰会协议的履约情况；其次，二十国集团内部的成员方之间可以建立相互监督机制，如果有超过一定数量并且代表不同集团利益的成员方对某一国家的协议的执行情况提出质疑，就可以对该国在二十国集团内部的权利进行限制，或者让该国付出一些代价；最后，二十国集团也可以发挥外部国际组织的作用，特别是通过一些在个别经济治理领域有较高专业度的第三方机构发布科学的研究报告的方式来跟踪成员方的履约情况，最后形成广泛的国际社会的公众舆论监督。

（2）集中和完善二十国集团的议程内容和设置程序。回顾二十国集团的历届领导人峰会的公报或者宣言，会发现被讨论的议题越来越多，几乎涉及了所有的全球性问题，包括经济、贸易、金融、环境、能源、反腐败、难民、公共卫生等方面。商讨议题的范围的逐渐扩大虽然说明了二十国集团在全球治理中的重要地位，但是也给峰会的谈判和协商带来了更多的困难。这并不是要否认二十国集团的议程设置应该开放灵活，应该有利于其反映各方面的利益诉求和关切，但是二十国集团的协调机制想要更加高效，就必须有自己的核心议题，并且提前分清不同议题的轻重缓急，将一些不是很重要或者急切需要被解决的议题放到其他级别的会议上去讨论。二十国集团应该继续回归原本全球最高级别的经济治理和政策协调平台的角色。从历届峰会来看，宏观经济政策协调、国际金融监管和国际金融机构改革一直是二十国集团领导人峰会的三大核心议题，目标是保持全球经济增长、维护金融市场稳定、推动全球经济治理改革，这样"增长""稳定"和"改革"就是二十国集团的三个关键词①。二十国集团通过集中议题的设置可以避免出现"议而不决"的局面。除了核心的经济议题之外,还应该把当年度最急切需要讨论和解决的问题也纳入当年的峰会中,以便于及时解决。例如,最早的二十国集团财政部长和央行行长会议主要是为了解决 1997—1999 年的金融风暴;在升级为领导人峰会之后的前几次会议集中讨论了 2008 年全球性金融危机产生的原因和如何尽快从危机之中复苏经济等议题。

(3)加强与其他国际组织和非成员方的互动与联系。二十国集团的成员数量已经相对固定,因此应该以议题为导向加强与其他国际组织及非成员方的互动,在保持有效性的同时提高合法性。有效性与合法性实际上是一个悖论,扩大成员会提高代表性,进而提升合法性,但是会牺牲有效性,现阶段仍应优先考虑有效性。二十国集团应该与其他的国际组织如联合国、国际货币基金组织、世界银行、世界贸易组织、国际清算银行、经济合作与发展组织、国际劳工组织、金融稳定理事会等加强互动,这些组织通常具有普遍性的成员资格,具有很高的合法性。如果二十国集团将决策过程留在这些国际组织的正式决策程序中,那么二十国集团的很多决定就会具有相当的合法性。二十国集团还应在具体问题领域内保持与非成员方的互动,有些非成员方虽然经济总量较低,但是在某些问题领域内具有系统重要性,那么二十国集团应该在讨论该问题领域时将这些国家吸收进来,形成一个由议题决定的动态治理结构。例如,在讨论能源问题时需要更多的中东地区的主要产油国的参加或者考虑石油输出国组织的参与;在讨论难民问题时,不应该只考虑难民接收国的态度和要求,还要出于人道主义的考虑让一些难民输出国参与相关议题的磋商和讨论,尽力从根本上解决问题和提出方案。这样既可以显示二十国集团的包容性,又提高了二十国集团治理的有效性。

---

① 杨力.二十国集团发展报告 2012 [M].上海:上海人民出版社,2013:6.

　　总之，二十国集团应该在众多的国际组织和全球治理机制中找到自己的精确地位。二十国集团既应该区别于如联合国、世界贸易组织、国际货币基金组织等正式的国际组织，也应该区别于其他的七国集团和金砖五国等非正式的国际机制。二十国集团应该把全球经济治理作为其首要和核心议题。其成员方包括了世界范围内最多的重要经济体，比七国集团和金砖国家机制具有更大的代表性。这就决定了二十国集团应该成为发达国家之间、新兴发展中国家之间和发达国家与新兴发展中国家之间最重要的宏观经济政策的国际协调平台。通过完善自身的内部机制、提高有效性，再加上原有的灵活性和高级别决策力的优势会使得二十国集团继续存续和发展下去。

2. 二十国集团的未来定位

　　一直以来，二十国集团围绕金融、经济、贸易和发展等国际治理的关键问题开展工作，在短期内，其工作范围灵活地扩大至其他事务领域，尤其是 2001 年的恐怖主义事件、2006 年的气候变化问题，再到近几年的反腐败和欧洲难民问题等。二十国集团的一个重要特征是其成员方在集团内共同的经济、政治和社会原则上达成了越来越多的共识，承诺在核心领域保持更高的政治开放程度①。

　　从二十国集团发展的总体性来看，二十国集团不应该成为一个决策机构，其达成的协议也不需要各国立法部门的批准而成为有法律约束力的决议。与此相反，这些二十国集团的宣言或者倡议应该只是成员方共同合作意愿的表达。二十国集团最终形成的是一个世界经济大指导委员或者董事长，而不是一个负责执行或者微观管理的具体机构②。二十国集团讨论的问题越是具体，就越有可能失去成员方所让渡的权威性，同时也越有可能

---

① ［加拿大］约翰·J. 柯顿. 二十国集团与全球治理［M］. 郭树勇，徐音律，等译. 上海：上海人民出版社，2015：25.
② 杨力. 二十国集团发展报告（2012）［M］. 上海：上海人民出版社，2013：275.

削弱正式的国际组织的原本功能和作用。二十国集团的未来定位应该集中于影响国际经济与发展问题的大战略上，具体提议和解决方案的细节应该交给正式的国际组织，通过加强与这些拥有不同功能的国际组织之间的互动，让这些国际组织将二十国集团的想法和共识转化成具体的行动和措施，同时将所有的利益相关方尽可能地囊括到二十国集团这个国际性政策协调平台上。

3. 二十国集团宏观经济政策国际协调机制的发展路径

在宏观经济政策国际协调领域，在 2009 年的匹兹堡峰会上，美国总统奥巴马提出了一个"强劲、可持续、平衡增长框架"，该框架的建立为二十国集团宏观经济政策协调提供了坚实的机制保障。为进一步落实该框架，二十国集团开始尝试相互评估，进而形成第一个全球性的多变政策监督框架。对美国来说，即使在 1978 年牙买加修正案中国际货币基金组织开始讨论建立政策监督框架，美国仍不愿意接受国际政策监督。然而，在过了几年之后，更多的观点认为二十国集团的相互评估进程并未能实现当初预期的目标。该进程的主要功效是让决策者意识到其政策在国际上可能会产生负面的溢出效应，并为此提供了一个相互施加压力的国际环境。二十国集团究竟能在多大程度上改变一个国家的对外经济政策仍存在巨大的不确定性，因为二十国集团并不能保证所有的成员方都能分享政策协调带来的益处以及分担可能付出的成本。

在后金融危机时期，全球经济的不平衡和各国经济周期的非同步性增加了宏观经济政策协调的难度。因此，如何保证国际协调在二十国集团平台中的有效性就是未来该机制发展和需要解决的关键问题。首先，二十国集团成员方应该在宏观经济政策的国际协调议题方面努力寻求利益共同点。如果没有共同的利益或者共同的协调目标，那么国际协调就失去了动力。成员方应该尽力找到利益共同点，这将会促使各成员方在协调议题方面更容易达成共识。其次，二十国集团成员方不应该只考虑本国国内经济增长的目标，应该建立大局意识，努力通过协调达成政策均衡。在一致目标和共同原则的指导下，成员方可以结合自身的经济发展情况进行磋商，在讨价还价的过程中达成政策均衡，实现集体利益最大化。在协调过程中，应该处理好短期利益与长期利益的关系。随着成员方力量的此消彼长，最终实现长期利益的平衡点。国际社会中由于缺少一个超越主权国家的绝对权力机构，因此通过政策协调寻求利益的平衡点更为重要。最后，在实现政策均衡之后，应该做到确保成员方各方保持均衡。与成员方达成政策均衡相比，维持这种均衡会更加困难。因为国家在经济政策的决策上是理性的，这样就不可避免地会出现打破均衡的冲动。为了限制和约束这种冲动，二十国集团应该在机制建设和互相监督两个方面加强宏观经济政策的国际协调议题的设置。一方面，一个完善的制度可以有效地约束成员方，并且对背叛协调与合作者采取惩罚措施，这样不合作者就会因为畏惧惩罚而在一定程度上表现出合作的意愿。当所有的成员方都因为畏惧惩罚而抑制背叛均衡的冲动，就可维持现有均衡。另一方面，参与协调的成员方如果能够在一个互相监督的框架下进行协调，相互之间进行评估和约束，也可以达到维持均衡的效果。这种方式与建立一个完善的制度相比，成本大大降低，但是其强制力也会随之下降。

6.2 中国现在与过去的宏观经济政策和世界主要经济体的同步性考察

以上研究已经表明，经济周期的同步性会在一定程度上影响宏观经济政策国际协调的效果。中国作为二十国集团中最大的新兴发展中国家经济体，其在二十国集团中的作用和贡献日渐凸显。如何进一步增强和发挥中国在二十国集团宏观经济政策协调机制中的作用对于之后的二十国集团机制化的发展和中国在国际经济领域的话语权的塑造都有着重要且深远的意义。

6.2.1 中国与世界主要经济体的宏观经济政策的同步性

1. 中国与主要发达国家

根据研究关于二十国集团成员方经济周期同步性的考察发现，中国的经济周期与主要发达经济体如加拿大、英国、法国、德国、意大利等国的经济周期并不同步，并且在一定程度上有所领先。中国与世界第一大经济体美国之间的经济周期同步性的测度的结果显示，中美之间的经济周期也存在较大的非同步性，从总体上来看，美国的经济周期稍稍领先于中国。具体而言，1999—2008 年中美经济没有表现出任何同步性的特征，但是在 2008—2010 年全球金融危机时期，中美之间的经济周期突然呈现相对一致性的特征，之后在金融危机逐渐退去之后，中国的经济复苏步伐明显快于美国。

自 2008 年全球性金融危机开始，西方主要发达经济体的经济情况和前景一直不容乐观，其经济不断遭受着内外部危机的影响。西方主要发达国家所制定的宏观经济政策也都紧紧围绕着应对金融危机和债务危机。有两类国家的经济政策尤为突出：一类是以美国和日本为代表的量化宽松的货币政策；另一类是以欧洲大陆主要发达国家为代表的应对债务危机的经济政策。美国和日本等国在金融危机发生之后随即制定了几轮量化宽松的货币政策，通过增加货币供给达到刺激经济的目的。虽然美国的经济在几轮量化宽松之后有所好转，进入经济复苏的轨道，但是货币政策的外溢效应却不可避免，其他国家特别是以中国为代表的发展中国家受到内部宽松的经济政策和输入性通货膨胀的双重影响，在后金融危机时期相继出现了高通货膨胀和经济过热等经济问题。欧元区主要发达国家深陷金融危机和债务危机的双重泥潭，统一的货币政策和自主的财政政策之间的矛盾日益凸显，希腊、西班牙、葡萄牙等南欧国家急需欧盟给予更大的财政资金的帮助，其他国家也身处重重危机。贸易保护主义、"以邻为壑"的货币政策等再一次困扰着全球经济的复苏和增长，实施开放经济的中国当然也不能独善其身，置之度外。但不可否认的是，西方主要发达经济体仍然是世界经济舞台上最为活跃的成员，仍然在各自具有比较优势的领域引领着世界经济的发展。

2. 中国与主要新兴发展中国家

以金砖五国为代表的新型发展中国家从 2008 年全球性金融危机开始就呈现出较好的经济周期的同步性。金融危机时期，由于主要新兴发展中国家都是开放经济体，加之皆受到系统性风险的影响，其经济周期表现出较好的同步性不难理解。中国在主要新兴发展中国家中的经济周期仍然处于领先地位，除此之外，俄罗斯的经济周期也表现出一定的领先性。但是与发达国家相比，发展中国家的未来经济增长仍然存在不确定性，多数新兴发展中国家都在 20 世纪 90 年代开始经历了经济的高速增长阶段。目前，由于内部经济增长动力不足，依靠能源增长的粗犷式经济发展模式不可持续，加之全球经济疲软造成的外需不足等促使发展中国家不得不开始进行经济结构的调整和转型，但是调整和转型必然会带来阵痛，短期内新兴发展中国家经济增长速度的放缓在所难免。

与世界主要发达国家相比，在后金融危机时期，以中国为代表的新兴发展中国家却能表现出更高度的同步经济周期，这一特征更值得研究和分析。新兴经济体对内寻求经济增长转型的同时，对外仍然保持着开放、合作和积极协调的态度。

2006 年 9 月，在联合国大会期间首次举行的金砖国家外交部长会晤开启了新兴发展中国家之间合作与协调的大门。2009 年 6 月，金砖四国领导人在俄罗斯叶卡捷琳堡举行首次会晤。2010 年 12 月，四国在协商一致的基础上，正式吸收南非加入机制，从此正式成立了金砖五国机制。金砖国家遵循开放透明、团结互助、深化合作、共谋发展原则和"开放、包容、合作、共赢"的金砖国家精神，致力于构建更紧密、更全面、更牢固的伙伴关系。金砖国家机制通过定期举行领导人会晤的方式，加强彼此之间的经济政策的协调与联系，致力于建立国际经济新秩序。金砖国家的最终目标是创立一个新的、倾向于发展中国家的布雷顿森林体系式机构。金砖国家首脑在南非德班举行的年度峰会上一致同意和批准成立一家新的开发银行的计划，并且讨论建立外汇储备库，用来抵御国际收支和其他货币危机。金砖国家开发银行在 2012 年提出，并且于 2015 年 7 月 21 日正式开业。其是为避免金砖国家在下一轮金融危机中受到货币不稳定的影响而构筑的一个共同的金融安全网，可以借助这个资金池兑换一部分外汇用来应急。金砖国家同时也努力推动国际货币和金融体系改革，加强与世界银行和国际货币基金组织的沟通与合作。中国主导建立的亚洲基础设施投资银行也吸引了所有的金砖国家成员方的参与，这些国家皆是意向创始成员方。中国作为世界上第二大经济体，也是第一大贸易出口国和第二大贸易进口国，在金砖国家机制内还是最重要的主导国家。中国应该在金砖国家内部发挥更大的作用。金砖国家机制到目前为止作为发展中国家的唯一的较为成熟和完善的机构在二十国集团内部应该更多地为发展中国家的利益发声，承担起与发达国家经济体组织七国集团相等的，甚至是比之更大的作用。

6.2.2　二十国集团宏观经济政策国际协调机制中的中国

中国作为当今世界最大的新兴发展中国家，在二十国集团的创立初期乃至之后的很长一段时间都保持着谨言慎行和低调的态度。随着二十国集团的运作机制的完善和自身经济及国际影响力的扩大，中国经历着在二十国集团内部由谨慎的参与者向二十国集团的主导者的角色转变，发挥着越来越重要的作用。从 1999 年的二十国集团的成立到中国主办的 2016 年杭州峰会，中国在二十国集团中的角色经历了三个阶段的转变，即

1999—2009 年的谨言慎行阶段，2010—2012 年的在个别议题方面积极参与阶段，2013—2016 年的逐渐开始主导议题的设置。

在二十国集团的创立伊始，集团内部的主导国家仍然是发达国家经济体，这与二十国集团的形成历史和原因直接相关。西方主要发达国家经济体在遇到困难和无力依靠一己之力时，想让发展中国家参与全球经济治理，于是主张成立二十国集团。中国最早在二十国集团内部发挥主要作用始于 2005 年的二十国集团财长和央行行长香河会议，该会议进一步推动二十国集团会议和议程，特别是在国际金融机构改革等架构性问题方面，提升了中国在集团中的参与度，深化了升级二十国集团峰会为领导人级别的讨论。中国在二十国集团中不仅仅是参与者、跟随者或"搭便车"者，它完全可以作为一个平等的成员举办会议，担任主办国，设置议程，这与它在七国集团财政部长及央行行长会议、八国集团领导人峰会中扮演局外人的角色截然不同①。2008 年开始，因遭受全球性金融危机的影响，二十国集团由财政部长和央行行长会议升级为成员方领导人峰会。虽然会议的级别提高了，但是中国在二十国集团的峰会上仍然保持着相对谨慎和克制的态度。主要原因是这一阶段恰好遭遇全球性金融危机肆虐，主要发达国家先后经历了金融危机和债务危机的洗礼。但是，中国国内并没有发生直接的金融危机，而且中国也不会将国内金融主动地置于任何欧美主导下的全球监管机制之下。中国的经济总量仍然较大，增长速度相对较快，外汇储备充足，而且并没有发生真正的银行业危机或者面临金融压力。随着中国经济增长率的下降，以及金融危机的愈演愈烈，中国也逐渐意识到应该采取措施进行调整。中国领导人在这一阶段的峰会上不断表态，中国会积极参加峰会，并承担其全球责任，同时呼吁全球化国际政策协调，期待建立一个公正、包容和高效的国际金融体系。这种态度上的积极还主要表现在 2009 年的伦敦峰会和匹兹堡峰会。在这两次峰会上，中国与新兴

---

① ［加拿大］约翰·J. 柯顿. 二十国集团与全球治理. 郭树勇，徐音律，等译. 上海：上海人民出版社，2015：256.

发展中国家紧密地站在了一起，在峰会上相继提出了同意调整国际货币基金组织特别提款权结构和深入讨论国际金融机构改革等相关议题。在中国的带头响应下，西方主要发达国家最终一致同意将至少5%的份额转给新兴国家。中国虽然在这些议题方面表现出了积极的态度，但是总体来看还是主要依靠新兴发展中国家集团。在表态上，中国也仅仅是对有利于新兴发展中国家集团整体利益的议题表现出积极和主动性，基本上很少使用否决或者不同意等词语。

从2010年的多伦多峰会开始，中国尝试在某些议题方面表达自己的反对态度和观点。例如，在企图将气候变化议题引入二十国集团的领导人峰会，为气候变化作出行动等相关问题方面，中国表达了明确的反对态度，并且认为气候变化问题应该更适合在联合国气候变化大会框架下进行磋商和讨论，二十国集团并不是一个合适的平台。在成立知识产权工作组的提议方面，中国也明确表示出反对的态度。在这一阶段，中国仍然秉持与二十国集团中的主要新型发展中国家保持一致的态度，而且在一些经济政策协调、国际金融机制改革、反对贸易保护主义等核心议题方面保持积极参与和肯定的态度，但是在一些与自身利益相关和联系紧密的议题方面开始敢于表达否定的观点。这些变化说明了，中国更多地开始主动承担与自己的能力相匹配的国际责任，并且在国际社会上开始积极表达自己的想法和态度，逐步提升自己的话语权。

从2013年的俄罗斯圣彼得堡峰会到最近召开的2016年杭州峰会，中国开始由原来简单的与会者的角色逐渐向峰会的主导者的角色转变。在圣彼得堡峰会上，新上任的中国国家主席习近平首次发言，表达了对二十国集团的重视，以及表示中国将在二十国集团中发挥更加重要的影响力。中国认为二十国集团这个平台能够为发达国家和发展中国家提供共同商议国际经济事务的机会，为中国提供加强与拉丁美洲、金砖国家等新兴经济体的双边和多边关系的机会，能够帮助中国在政治安全问题上选择谨慎而且明确的立场，并为中国在国际舞台上阐明其经济和发展原则提供契机。与此同时，中国也用行动证明了自己的积极态度。在圣彼得堡峰会上，中国再次为用于发展的全球公共产品提供资金支持，向国际开发协会第 17 次筹款提供 3 亿美元供其 2014—2016 年的开发计划。此外，中国还继续强调国际货币基金组织改革和推动人民币加入该组织特别提款权一揽子货币进程，进一步接受相互评估程序，并开始着手推动政策协同改革。在 2014 年的澳大利亚布里斯班峰会上，中国仍然积极主动，与美国一道，主导了能源和气候变化等议题。在中美两个大国的合力主导下，与会成员方领导人核准了包含 11 项内容的《二十国集团能源合作原则》，并且在会议尾声，各国领导人也承诺将共同努力在 2015 年 12 月的巴黎联合国气候变化大会上形成一个能够有效控制气候变化的新框架公约。2016 年的杭州峰会可以说是中国在二十国集团中表现出主导者角色的重要标志。中国首次成为二十国集团领导人峰会的主办国，在峰会的议题塑造方面享有充分的自主权。杭州的二十国集团峰会对经济、政治和发展等方面的议题皆有所涉及，而且议题的内容的细致可以称作历届之最。以二十国集团最核心的经济议题为例，杭州峰会首先强调创新发展方式。各国要创新发展理念、政策、方式，特别是通过财税、金融、投资、竞争、贸易、就业等领域的结构改革，通过宏观经济政策和社会政策的结合，让创造财富的活力竞相迸发，让市场力量充分释放。各国也要重视基础设施建设对经济的拉动效应。中国在主办亚太经济合作组织领导人非正式会议期间，将互联互通作为核心议题之一。中国支持二十国集团成立全球基础设施中心，支持世界银行成立全球基础设施基金，并将通过建设丝绸之路经济带、21 世纪海上丝绸之路、亚洲基础设施投资银行、丝路基金等途径，为全球基础设施投资作出贡献。其次，峰会主张建设开放型世界经济。各国要维护多边贸易体制，构建互利共赢的全球价值链，培育全球大市场，反对贸易和投资保护主义，推动多哈回合谈判。最后，峰会强调完善全球经济治理。各国要致力于建设公平、公正、包容有序的国际金融体系，提升新兴市场国家和发展中国家的代表性和发言权，确保各国在国际经济合作中权利平等、机会平等、规则平等。中国在塑造杭州峰会经济议题方面最显著的一点是提倡通过供给侧结构性改革，打破原有的一味地刺激经济的宏观调控政策的主导地位，为新时期全球经济增长低迷这一难题找到解决之道。除了经济议题以外，关系到全球和人类可持续发展的各种相关议题也在杭州峰会讨论的范围之内。以气候变化议题为例，为了表达合作和减排的决心，中国和美国作为世界上两个最大的碳排放国家在峰会召开之前就减少碳排放的《巴黎协定》同时做出了批准和接受的决定，给杭州峰会的成功举行带来了坚定的信心。中国在二十国集团中日益表现出来的积极的参与性和主导性，让二十国集团这个非正式的国际经济协作组织的存在和未来变得更加有意义。在国际社会上，中国作为一个负责任的大国，也多次表达了自己愿意承担更大的责任，不仅是在二十国集团这个平台，甚至是更广阔的国际舞台上。

6.3 中国参与二十国集团宏观经济政策协调机制的对策

二十国集团是世界上主要经济体进行宏观经济政策协调的主要平台。在二十国集团内部，全球主要经济体出现了经济周期不同步的情况，这给本来就不容易协调的国家之间的宏观经济政策带来了更大的挑战。中国作为二十国集团内部最大的新兴发展中经济体，如何在明确自己的角色和责任的基础上，在二十国集团这个全球经济治理的平台上，通过加强与新兴市场国家间的有效合作和在求同存异思想的引导下主动寻求与发达国家经济体在核心议题和经济利益上的契合点，积极参与和主导宏观经济政策的国际协调并致力于使其机制化备受期待。

6.3.1 明确在二十国集团宏观经济政策协调机制中的作用与作用限度

在二十国集团宏观经济政策协调机制框架下，中国首先应该做好定位，明确自己的角色和责任。这一点是中国在二十国集团成立之初就一直在做的事情。随着自身经济实力、国际地位和影响力的逐步提升，中国在二十国集团中由一个参与者的角色逐渐向一个主导者的角色转变，到2016 年杭州峰会的召开，中国首次担任主办国，利用主办国的优势成功塑造了峰会的议题。中国未来在二十国集团中的角色应该仍然被定位为主要的主导者。

中国欲保持自己在二十国集团宏观经济政策协调机制中的主导者的角色和定位，就应该在二十国集团以及与宏观经济政策国际协调相关的议题与议程的设置和塑造方面表现得更加积极主动，主导与参与二十国集团的议题与议程塑造，特别是与宏观经济政策协调紧密相关的议题与议程的塑造，这有利于展现和巩固中国在二十国集团内部的重要地位，这也与中国在当今国际经济和政治舞台上应该承担的大国责任相匹配，两者相辅相成，密切相关。中国应该将自己在二十国集团中的角色定位为协调的主导者。这一角色有待于通过主动参与和设置峰会议程和议题来实现。成功的议程设置和议题选择能够在一定程度上弥补机制化不足带来的缺陷。良好的议题设置，可以引导多边协调机制的前行方向，也可以在一定程度上将国家议程转变为公共议程，甚至是进一步形成相关国际准则[①]。

除了积极参与二十国集团峰会议程和议题的设置以外，中国的协调主导者的角色也应该通过主动承担与中国的大国形象和地位相匹配的国际责任来实现。中国要想在宏观经济政策的国际协调方面承担更大的责任，就

---

① 金中夏. 中国与G20—全球经济治理的高端博弈 [M]. 北京：中国经济出版社，2014：91.

不应该仅仅局限于二十国集团这个平台上。2013 年 9—10 月，中国国家主席习近平在出访中亚和东南亚国家期间，先后提出共建"丝绸之路经济带"和"21 世纪海上丝绸之路"的重大倡议，并且在多次的国际会议上表达中国欢迎其他国家搭乘中国经济快速发展的"便车"和愿意提供更多的国际公共产品的意愿。事实上，中国已经通过成立亚洲基础设施开发银行、主导成立金砖国家开发银行、主办二十国集团领导人杭州峰会等一系列行动来证明中国正在承担更多的国际义务和责任。

俗话说，打铁还需自身硬。中国在意识到自己肩负的更大的国际责任的同时，也应该不断提高自己的软硬实力。近些年，由于受到国内外经济形势的影响，中国的经济增长速度有所放缓。在中共中央准确判断和精确定位中国经济"新常态"的基础上，中国提出了进行供给侧结构性改革的新的经济发展思路，果断摒弃原有的一味刺激和扩大投入的经济增长方式。这一举措不仅可以解决中国经济长期增长乏力的问题，还为世界经济的增长和可持续发展提供了新的方案。在经济全球化和国家之间经济联系仍然紧密的情况下，转变经济增长方式，由需求侧刺激经济宽松的货币政策和财政政策向放眼长期经济发展的供给侧宏观经济政策转变也是有效解决宏观经济政策的"外溢效应"和"以邻为壑"问题的根本途径。

6.3.2 加强与新兴市场国家间的有效合作

中国作为世界上最大的新兴发展中国家与其他的新兴市场国家站在一起，始终维护和保障发展中国家的利益诉求也是实现中国核心利益的最佳途径。在二十国集团内部，成员方很容易被鲜明地分割成两个集团，即发达国家集团和新兴发展中国家集团。发达国家和发展中国家两个集团内部国家之间的经济增长模式、经济发展阶段和经济周期的同步性更相似。因此，在各自集团内部进行宏观经济政策协调的难度相对较低。在二十国集团中，无论是大国还是小国，一个国家的力量和影响力毕竟有限。站在新兴发展中国家集团的立场上，为更多的发展中国家表达利益诉求将会更容易被重视和关注。二十国集团内部的新兴市场国家想要在这个平台上发挥更大的作用，至少是不希望二十国集团成为发达国家的主战场就更应该意识到这一点。

中国始终将自己定位为一个发展中国家，而且在国际舞台上也始终维护着广大发展中国家的利益，事实证明中国的做法利人利己。在今后的二十国集团内，特别是有关宏观经济政策国际协调的议题下，中国应该继续与新兴市场国家站在一起。中国应该把握好金砖国家的协调机制，加强与新兴市场国家在经济增长、金融、投资、贸易、能源、环境、反腐败等领域的深入和有效的合作。除了金砖国家以外，中国也应该与二十国集团的其他发展中国家从实际情况和比较优势出发开展广泛的双边和多边合作，如加强与以沙特阿拉伯为代表的中东地区国家的能源和主权财富基金的合作，加强与以印度尼西亚为代表的东盟国家在南海经济开发方面的合作，加强与以阿根廷和巴西为代表的广大拉丁美洲发展中国家在经济资源、基础设施建设以及对外贸易与直接投资等领域的全面合作，等等。

6.3.3 主动寻求与发达国家经济体在核心议题和经济利益上的契合点

发展中国家和发达国家由于经济周期非同步和国家利益诉求不同而在很多方面都存在矛盾，但这并不是说两个集团之间在全球经济治理和发展问题方面就没有共同的利益契合点。在全球经济增长乏力的新的困难时期，很多全球性的问题对于发展中国家和发达国家的影响是无法割裂的。这样，二十国集团内部的各国应该遵循求同存异的原则，发扬同舟共济的精神，共同致力于保持经济增长、协调宏观经济政策和促进金融市场稳定。中国应该和广大发展中国家在二十国集团框架下就确保经济复苏和金融稳定，加强财政整顿，加强结构改革，减少宏观经济政策的负面溢出效应达成广泛的共识。基于共识进行协调才有可能提高协调的效果，进而保证协调的收益。

中国除了努力与二十国集团内部的发达国家经济体在宏观经济政策协调方面达成共识以外，还应该在政策协调的过程中坚持与各个发达国家进行平等对话，在公平合理的条件下积极主动争取利益最大化。在协调过程中，协调各方首先应该地位平等，并且做到互相尊重，这样才能在谈判和磋商过程中保证自己国家的核心利益不受到侵犯和挑战。其次，在与发达国家进行协调时，中国应该认真分析议题或者倡议产生的背景、效果、影响力以及对自己的意义等问题，然后再做出呼应或者拒绝的判断。对于明显不利于国家利益的不公平的倡议，中国应该勇于拒绝，不应该放弃自己在集团内部的合法权益。最后，在协商过程中应该做到目光长远和放眼全局。当遇到有利于集团中大多数国家共同利益的议题和倡议时，应该主动主导议题或者倡议的通过。在遇到困难和焦灼的情况时，中国应该发挥国家智慧，利用恰当的技巧在争议和矛盾中寻找可以实现共同利益的地方，并以此为突破口，推动议程的进展。

6.3.4 积极参与二十国集团宏观经济政策的国际协调的机制化建设

二十国集团是继布雷顿森林体系下的利用正式国际机制进行宏观经济政策协调的当今世界上规模最大和最高级别的协调平台。虽然二十国集团从财政部长和央行行长峰会到后来的成员方领导人峰会都把宏观经济政策的国际协调作为其首选议题，但是二十国集团本身的合法性和有效性一直遭到质疑，所以二十国集团峰会中的宏观经济政策国际协调议题是否能够存续下去也会被怀疑。纵观后金融危机时期的所有主要的国际经济机制，二十国集团已经成为宏观经济政策协调的最主要的平台。只有让二十国集团成为宏观经济政策协调的长效平台，推动该平台的机制化建设，才能让各种国际行为主体竭尽全力地参与到国际经济政策的协调议题中去，逐渐认识到该机制对最大化地实现自身利益的重要意义。国际合作和协调是与组织机构的制度化建设紧密联系在一起的，如果国际组织没有形成机制化，国际合作和协调就会更加困难，甚至是无法进行。

如果想要发挥中国在二十国集团宏观经济政策的国际协调机制中的重要作用和主导性，中国应该逐步加快融入国际制度的步伐，主导宏观经济政策在二十国集团平台中的机制化进程，这样才能在融入该机制的过程中享受到更多的经济性红利。长久以来，由于受到自身经济实力、对外政策和外部国际环境的影响，中国在国际组织和国际制度中的表现相对被动和克制。但是作为一个负责任的大国，一个经济总量位列全球第二的大国，中国对国际制度的态度不应该仅限于融入，而是应该在深入了解和熟悉的情况下参与和主导议题和规则的设计。但是，对于中国来说，在国际机制中由被动角色向主动角色转换很难。中国的角色能否成功转换不仅取决于自身机制设计和主导议题设置的能力，还取决于中国设计的方案能否赢得国际社会的广泛认可和接受，这些都是中国不得不面对的严峻问题。

在国际制度设计和推动二十国集团宏观经济政策国际协调机制的制度化进程中，中国应该从以下几个方面开始努力：第一，中国需要不断地完善自身的社会主义市场经济体系建设，在努力提高国家硬实力的基础上挖掘"软实力"，善用"巧实力"。一国的综合国力包括"硬实力"（即支配性实力，如基本资源、军事力量、经济力量、科技力量等）和"软实力"（即精神性力量，如国家凝聚力、文化和意识形态方面的受认同程度等）。简单说，"软实力"就是通过吸引而非强迫或者"硬实力"付出来得到你想要得到东西的能力，而将"软实力"与"硬实力"巧妙结合便是"巧实力"。综合国力的增强虽然有益于国家国际地位的提高和获得国际社会的尊重。但是在加强同国际组织关系、推动公共外交、实现国际交流与合作和推动国际谈判进程等方面更需要通过国家的"巧实力"来实现，这样外交行为就变得尤为重要。美国提出的"巧实力"战略对于中国也同样适用。新时期，发挥国家的"巧实力"给中国带来了更具有弹性和更柔和的外交政策。这种外交政策避免了与主要矛盾国的正面冲突所带来的更大的成本，同时也体现了有涵养的大国形象。第二，中国应该着力加强在专业知识领域和国际规则方面的高端人才队伍的培养、建设和储备。中国想要主导二十国集团宏观经济政策国际协调议题的机制化建设，需要在人才培养方面有所突破。当今国际机制和组织最需要的是既能够掌握有效沟通技巧也能够懂得专业知识的复合型人才。中国在这方面的人才培养的投入和成果与发达国家相比还存在明显的不足。在未来的一段时间内，中国可以从高校教学体系改革、增加教育投入、培养在国际社会上有重要影响力的个性鲜明和能力突出的人物等几个方面入手，不断向国际组织和二十国集团相关协调机制会议输送人才。第三，中国应该建立从中央政府到专家学者再到民间等多层次的对外交流和宣传机制。一个国家国际影响力的形成与积极开展对外交往与合作，在国际舞台上宣传自己的主张和意愿密切相关。目前，中国在高层对外交流方面已经积累了一些经验且成绩显著，但是这还远远不够。中国经济、外交、国际关系和国际政治等领域的专家学者们应该尽可能多地在国际学术期刊或者会议上表达中国专家的观点和态度，宣扬中国愿意主导二十国集团的长久机制化建设的决心。此外，中国也应该鼓励商业从业者、智库专家、青年人等积极参与二十国集团领导人峰会下设的各种专项议题协调会议，如工商峰会（B20）、青年峰会（Y20）、智库峰会（T20）等。

6.4 本章小结

虽然二十国集团宏观经济政策的国际协调机制的效果和作用并不明显，但是二十国集团的发展和未来前景仍然乐观。在宏观经济政策国际协调的众多国际机制中，二十国集团有着独特的地位和不可替代的重要作用。然而在后金融危机时期，国家之间的经济周期的非同步性给宏观经济政策的国际协调带来了更大的困难和不确定性。本章同时也提出了改进二十国集团协调机制效果的方法，具体包括加强二十国集团宏观经济政策协调的机制化建设，集中和完善二十国集团的议程内容和设置程序，以及加强与其他国际组织和非成员方的互动与联系等。虽然二十国集团在宏观经济政策的协调方面还没有表现出较好的效果，但最重要的是，二十国集团能够做好自己在全球经济治理机制中的准确定位，在此基础上，提高集团的吸引力、议题磋商的效率和实现更加长久的机制化运作。

这就需要二十国集团成员方做出更大的努力：首先，二十国集团成员方应该在宏观经济政策的国际协调议题方面努力寻求利益共同点；其次，二十国集团成员方不应该只考虑本国国内经济增长的目标，而是应该建立大局意识，努力通过协调达成政策均衡；最后，在实现政策均衡之后，应该确保成员方各方保持均衡。

中国作为当今世界的第二大经济体和最大的新兴发展中国家，在国际舞台上通过提供国际公共产品，用欢迎更多的国家搭乘中国快速发展的便车的胸怀，开始更多地主动承担更大的国际责任和义务。本章详细梳理了中国在二十国集团中，特别是宏观经济政策国际协调议题下的角色和作用的不断改变，即中国由一个被动和谨慎的参与者变为二十国集团杭州峰会的主办者并且成为议题与议程设置的主导者。在此基础上，中国应该考虑如何更好地参与二十国集团宏观经济政策协调机制。中国应该在明确自己在二十国集团宏观经济政策协调机制中的角色与责任限度的基础上，一方面加强与新兴市场国家间的有效合作；另一方面主动寻求与发达国家经济体在核心议题和经济利益上的契合点，这样才能真正参与到二十国集团宏观经济政策的国际协调的机制化建设中。

第 7 章　结　　语

7.1　主　要　结　论

本书以二十国集团为例从定性和定量两个角度衡量成员方的经济周期，并且发现在后金融危机时期世界上主要经济体的经济周期呈现了非同步性的特征。本书在梳理了国际关系学中国际机制理论的基础上提出了二十国集团宏观经济政策协调机制运作效果的若干假设，并且借用福利经济学家卢卡斯在 1987 年用于衡量宏观经济政策的福利效应的基准模型建立了衡量宏观经济政策的国际协调效果的理论模型。结合实证研究的结果，对比分析了经济周期相对同步的金融危机时期和经济周期不同步的后金融危机时期二十国集团宏观经济政策协调的两个案例，并且总结出了经验和教训。在文书的最后部分，结合全书的研究为中国参与二十国集团宏观经济政策的国际协调机制提出对策建议。

综合全书的研究，最终形成了以下主要结论和观点。

第一，全球性金融危机之后世界经济的非同步复苏使得国际经济中各经济体宏观经济政策的溢出问题和集体行动问题变得日益紧迫和重要，宏观经济政策必须协调配合，但这又必然导致各经济体政策制定自主权的部分让渡，二者既矛盾又统一，因此，各经济体在制定宏观经济政策时，需要找到二者之间的平衡点。

第二，当各主要经济体的经济周期基本同步时，宏观经济政策国际协调更加容易实现；在各主要经济体的经济周期不同步时，国际协调往往受制于国内政治集团的博弈，因而较难达成。但是此时宏观经济政策的国际协调仍然具有一定的潜在收益，主要表现为有利于协调方平抑经济波动，实现平衡的、可持续的经济增长。

第三，在金融危机爆发和全面蔓延的情形下，宏观经济政策的国际协调作为应急之策，短期内在一定程度上重塑了市场信心，有效地帮助各经济体走出危机。但在后金融危机时代，各经济体的经济周期呈现非同步性，宏观经济政策的国际协调要想继续保持有效性，就必须改革和完善相应的长效协调机制。

第四，二十国集团被定位为全球经济治理的首要平台，但是其在经济周期非同步情况下并没有发挥出较好的宏观经济政策国际协调的效果。与其他较为成熟的国际组织或者机制相比，其原因在于：参与国家并不具有广泛的代表性，其合法性遭到质疑；其设立的议题有逐渐转向复杂性的趋势，导致缺乏重点；峰会宣言或者倡议的约束力较低，容易产生"议而不决"。

第五，二十国集团的长效协调机制的形成有赖于集团的机制化建设、成员方参与二十国集团宏观经济政策协调议题和议程设置的意愿以及与其他国际组织和国家的互动。二十国集团的机制化建设应该遵循"自行车"理论，在领导人峰会和其他的相关协调会议的不断努力下，集团的机制化才能形成，但是这个过程一定是长期的，而不是一蹴而就的。

第六，与世界其他主要经济体横向比较，中国仍然处于高增长的经济周期中，其宏观经济政策的稳健取向与发达经济体奉行的宽松基调大有不同。在金融风险可控的前提下，中国仍应积极参与国际协调，通过参与协调机制设计、提升议程设置能力等方式，统筹国际、国内两个大局，实现与其他经济体的有效协调。

7.2　进一步发挥中国在宏观经济政策
国际协调中主导作用的重要性

自 2013 年 9 月，国家主席习近平在哈萨克斯坦纳扎尔巴耶夫大学发表题为《弘扬人民友谊，共创美好未来》的演讲，提出共同建设"丝绸之路经济带"的重大倡议，同年 10 月，在印度尼西亚国会发表题为《携手建设中国—东盟命运共同体》的重要演讲，提出共同建设"21 世纪海上丝绸之路"的倡议，正式形成了"一带一路"倡议。在"一带一路"建设国际合作框架内，各方秉持共商、共建、共享原则，携手应对世界经济面临的挑战，开创发展新机遇，谋求发展新动力，拓展发展新空间，实现优势互补、互利共赢，不断朝着人类命运共同体方向迈进①。经过六年多的建设，"一带一路"倡议已经成为全球最受欢迎的公共产品，也是目前前景最好的国际合作平台。根据中国"一带一路"网的统计，截至 2019 年 4 月 30 日，中国已经与 131 个国家和 30 个国际组织签署了 187 份共建"一带一路"合作文件。这么多国家的广泛参与充分说明了"一带一路"倡议是我国参与全球开放合作、改善全球经济治理体系、促进全球共同发展繁荣、推动构建人类命运共同体的方案。探索和研究"一带一路"倡议下的宏观经济政策国际协调对于充分发挥和进一步主导中国在国际经济治理中的作用尤为重要。宏观经济政策国际协调不仅是二十国集团等当今世界主要全球治理机制的重要议题，同时对共建"一带一路"倡议也非常重要。

第一，宏观经济政策的国际协调是"一带一路"国家政策沟通的核心内容。

---

① 习近平在"一带一路"国际合作高峰论坛圆桌峰会上的开幕辞《开辟合作新起点　谋求发展新动力》，2017 年 5 月 15 日。

早在 2015 年 3 月，国家发展改革委员会、外交部和商务部联合发布的《推动共建丝绸之路经济带和 21 世纪海上丝绸之路的愿景与行动》中，已经明确了在建设"一带一路"中以政策沟通、设施联通、贸易畅通、资金融通、民心相通为主要内容。其中，明确提出加强政策沟通是"一带一路"建设的重要保障。在文件中提出政策沟通的要求，即加强政府间合作，积极构建多层次政府间宏观经济政策沟通交流机制，深化利益融合，促进政治互信，达成合作新共识①。宏观经济政策协调就是国家之间就财政政策、货币政策和贸易政策展开积极协商，以解决在各国政策制定过程中可能出现的外溢效应和以邻为壑效应。因为"一带一路"倡议中包含的国家非常广泛，而且经济发展程度差异非常大，因此在这些国家之间展开经济政策协调就显得尤为重要。

在"一带一路"倡议中国家之间的协调看似将会更为复杂，实则不然。虽然"一带一路"倡议是一个开放的合作机制，涵盖国家较多，但是在具体项目实施和战略对接时，往往采用一对一的双边形式，即中国与某一个"一带一路"国家的经济发展战略或项目直接对接。而且在现有的"一带一路"国家中，发展已久的区域合作组织和多边合作机制也非常多，且中国与这些区域组织一直保持着良好的沟通和合作，如东南亚国家联盟（简称"东盟"）10 + 1、中东欧 16 + 1、中阿合作论坛、中国与非洲联盟等。"一带一路"沿线各国可以通过建立宏观经济政策协调机制，就经济发展战略和对策进行充分交流对接，共同制定推进区域合作的规划和措施，协商解决合作中的问题，共同为务实合作及大型项目实施提供政策支持。

第二，宏观经济政策的国际协调有利于保障设施联通、贸易畅通和资金融通。

设施联通、贸易畅通和资金融通是"一带一路"倡议的核心内容。宏

---

① 国家发展改革委员会、外交部、商务部. 推动共建丝绸之路经济带和 21 世纪海上丝绸之路的愿景与行动，2015 年 3 月。

观经济政策协调在国家之间的最高层面为合作双方提供了政策支持和保障。"一带一路"倡议最早就是按照先有愿景后再建立框架，最后具体实施和落实到细节这个顺序开展的，而且合作的主体主要是国家政府，在已经开展的合作项目中多是国家政府部门主导的。因此，"一带一路"沿线各国制定的相关政策对于项目的成功运作非常重要。具体而言，在设施联通方面，两国就财政投入、税收、投资等方面展开政策协调将有利于"一带一路"沿线国家加强基础设施建设规划、技术标准体系的对接、提升道路通达水平、实现国际运输便利化、解决能源和气候变化等国际性问题。在贸易畅通方面，两国就贸易、关税、市场准入、自贸区建设等方面展开政策协调将有利于国际贸易的便利化、消除投资和贸易壁垒，构建区域内和各国良好的营商环境，拓宽贸易领域，优化贸易结构，挖掘贸易新增长点，促进贸易平衡。在资金融通方面，两国就货币政策、外汇制度、金融监管机制等方面展开政策协调将有利于降低交易成本，扩大融资渠道，增加沿线国家双边本币互换、结算的范围和规模，完善风险应对和危机处置制度，构建区域性金融风险预警系统。

第三，宏观经济政策的国际协调有利于促进"一带一路"国家之间的民心相通。

民心相通是建设"一带一路"的基础和重要环节。在"一带一路"建设过程中，难免会有一些不和谐的，甚至是反对的声音。这些误解或者是诽谤无疑是个别国家或者政客出于政治目的的言论，但是也从侧面反映了如此一个浩大的跨国工程在建设过程中不可避免地会出现一些问题。其实，在"一带一路"倡议提出的第一时间，中国政府就意识到在各国民众之间宣传"一带一路"倡议的重要性和必要性。

经济基础决定上层建筑。"一带一路"倡议的实质是促进各国经济发展，最终实现共赢。通过与沿线各国展开广泛的特别是在经济领域的政策沟通和协调，可有效保障各种合作项目的顺利进行，最终项目建成的成果将会惠及合作双方国家的民众。这种在经济上实实在在的获得感是消除项目参与国民众心中疑虑和质疑的最好方法。除此之外，宏观经济政策协调也为"一带一路"国家间在教育、旅游、医疗、科技、脱贫、创业等多领域的合作创造了条件。

第四，宏观经济政策的国际协调有利于防范共建"一带一路"过程中潜在的风险。

"一带一路"倡议涵盖的国家之多、合作领域之广和项目差异性之大都决定了其运作起来将会有很多的困难和一些潜在的风险。根据以往的经验来看，宏观经济政策国际协调在解决各国共同面临的危机方面将会起到很好的作用，但是往往是"事后诸葛亮"，即国家之间意识到就宏观经济政策展开协调是必要的时候危机或者风险已经发生了。关于二十国集团宏观经济政策协调的实践已经证明了这一点。因此，"一带一路"建设过程中，应该始终注意并且重视与沿线国家之间展开宏观经济政策协调，这也是习近平主席在多次建设"一带一路"的相关会议上反复提到加强宏观经济政策协调的题中之意。

有效和广泛的宏观经济政策协调将会有利于防范系统性风险的发生。在没有发生如全球性金融危机这样的系统性风险的时候，各国都不会意识到各自的经济政策的制定会影响到其他国家。当然，作为一个理性的国家，以本国利益为出发点制定宏观经济政策无可厚非。但是，随着经济全球化的发展和开放经济制度被各国广泛接受并且采纳，每一个经济体在当今相互依存的国际社会中都很难独善其身。在开放经济条件下，宏观经济政策的外溢效应将会越来越明显。以往的贸易保护主义、以邻为壑和"零和博弈"的经济政策制定思维已经不合时宜了。在"一带一路"倡议下建立有效的宏观经济政策协调机制将有利于避免外溢效应的影响，防范信用风险、违约风险、外汇风险的发生，最终实现共赢。

第五，宏观经济政策的国际协调有利于"一带一路"倡议的长期发展。

　　自"一带一路"倡议提出五年多以来，"一带一路"建设逐渐由大写意发展到工笔画阶段。作为一种创新性的区域经济合作方式，"一带一路"建设不设国别限制，没有封闭机制，以打造互信融合的利益共同体为宗旨，鼓励各方积极参与和融入，顺应了发展中国家对全球经济治理体系平等、包容的变革诉求。但是长期来看，"一带一路"倡议如何运作下去，走什么样的道路一直是学术界关注的重要问题之一。但是可以确定的是，"一带一路"倡议已经得到了越来越多的国家的关注，而且也让参与国得到了切实的利益，真正实现了双赢和多赢。宏观经济政策国际协调从第二次世界大战后经历了长久的实践过程，在实践过程中也积累了很多的协调和机制建设的经验。因此，与"一带一路"沿线国家开展积极和广泛的宏观经济政策协调将有利于"一带一路"倡议的稳步推进和长久发展。

附 录

附表 1　二十国集团成员方季度名义国内生产总值（1999—2003 年）

单位：十亿美元

年份季度	1999				2000				2001				2002				2003			
	I	II	III	IV	I	II	III	IV	I	II	III	IV	I	II	III	IV	I	II	III	IV
阿根廷	312	303	305	312	313	304	307	312	307	297	290	276	145	106	100	106	123	144	144	153
澳大利亚	99	103	104	105	106	100	100	92	94	92	94	95	98	107	107	111	120	131	137	153
巴西	148	157	145	150	162	163	168	162	160	142	129	133	148	147	120	106	118	141	148	155
加拿大	161	168	171	176	183	185	189	185	188	186	183	179	181	190	192	195	206	221	227	241
中国	234	261	278	321	258	290	311	353	291	323	342	383	318	353	378	423	360	393	426	480
法国	389	369	371	372	360	345	339	329	353	336	346	350	345	365	394	403	434	462	462	495
德国	573	541	542	542	519	495	480	461	501	475	486	493	482	506	547	557	593	628	629	666
印度	108	111	112	114	119	118	116	115	117	119	120	122	122	123	127	129	134	141	148	158

续表

年份	1999				2000				2001				2002				2003			
季度	I	II	III	IV	I	II	III	IV	I	II	III	IV	I	II	III	IV	I	II	III	IV
印度尼西亚	38	42	44	47	48	44	44	44	43	40	47	45	47	54	56	57	60	64	65	66
意大利	323	306	308	312	300	288	282	276	298	283	290	293	291	307	333	341	368	392	395	419
日本	1088	1048	1112	1208	1195	1196	1180	1162	1088	1037	1031	1008	942	983	1047	1021	1038	1056	1066	1152
韩国	114	118	124	129	138	140	145	139	132	132	135	134	140	149	160	161	165	166	172	178
墨西哥	521	575	605	621	659	670	704	702	688	732	739	741	751	753	736	728	697	727	720	710
俄罗斯	46	50	55	57	62	66	73	76	77	81	85	86	85	90	95	99	105	111	119	127
南非	131	133	139	142	142	135	138	131	130	128	125	106	100	115	119	132	155	170	180	202
土耳其	63	61	61	62	66	65	66	68	62	48	45	45	56	58	56	62	65	73	83	84
英国	414	405	410	424	428	414	402	394	401	398	405	410	410	425	457	471	488	498	503	543
美国	2362	2389	2428	2482	2508	2570	2589	2618	2627	2660	2660	2675	2709	2734	2759	2776	2808	2843	2906	2954

数据来源：EIU Countrydata 国家数据库。

附表 2　二十国集团成员方季度名义国内生产总值（2004—2008 年）

单位：十亿美元

年份	2004				2005				2006				2007				2008			
季度	I	II	III	IV	I	II	III	IV	I	II	III	IV	I	II	III	IV	I	II	III	IV
阿根廷	159	166	165	172	184	199	207	212	222	226	239	251	264	279	294	321	346	371	391	355
澳大利亚	167	158	159	173	181	182	185	185	186	190	198	207	217	233	241	258	269	289	280	213
巴西	159	159	168	183	194	217	234	251	262	267	282	295	311	340	357	394	426	467	482	347
加拿大	245	243	257	279	280	280	298	312	319	331	335	331	329	358	378	408	407	414	406	333
中国	417	468	506	565	489	541	590	668	585	657	704	809	737	844	920	1059	969	1132	1207	1299
法国	528	512	523	562	573	554	541	535	548	580	592	609	627	653	673	717	750	781	751	651
德国	704	683	693	734	745	721	705	689	703	749	767	788	813	845	871	923	965	1005	964	830
印度	159	167	171	179	190	196	202	202	216	214	223	239	254	279	292	317	326	326	320	285
印度尼西亚	69	68	69	73	74	76	76	84	92	97	101	106	111	117	118	124	133	144	154	130
意大利	444	433	443	477	480	466	456	452	456	486	495	510	522	539	554	592	615	644	611	531
日本	1178	1147	1146	1188	1198	1175	1135	1076	1081	1105	1085	1085	1076	1066	1085	1132	1220	1209	1155	1270
韩国	183	188	191	203	219	226	226	227	243	251	256	263	269	278	283	293	284	273	264	201
墨西哥	758	756	766	800	818	843	890	915	958	943	976	988	999	1033	1048	1092	1118	1183	1210	934
俄罗斯	143	152	159	178	188	200	207	222	242	258	275	287	304	331	354	404	432	476	485	395
南非	210	221	234	254	262	252	255	262	283	278	263	266	281	291	299	328	304	302	309	244
土耳其	97	94	96	104	116	117	123	127	131	131	130	138	145	155	165	186	195	192	197	154
英国	589	588	595	619	634	638	618	619	628	662	686	708	735	754	779	798	781	776	739	603
美国	2997	3045	3092	3141	3203	3244	3301	3345	3412	3450	3477	3517	3558	3606	3642	3671	3667	3703	3711	3638

数据来源：EIU Countrydata 国家数据库。

附表 3　二十国集团成员方季度名义国内生产总值（2009—2010 年）

单位：十亿美元

年份	2009				2010				2011				2012				2013			
季度	I	II	III	IV	I	II	III	IV	I	II	III	IV	I	II	III	IV	I	II	III	IV
阿根廷	331	320	333	360	388	413	436	467	496	523	542	556	568	568	588	600	605	615	618	614
澳大利亚	210	237	261	291	295	299	312	346	355	385	388	376	393	381	392	394	397	383	358	367
巴西	340	389	452	514	511	529	565	606	631	683	673	627	658	604	601	601	639	642	587	601
加拿大	312	331	356	381	394	401	400	419	440	454	455	442	452	449	459	464	464	459	458	457
中国	1083	1230	1318	1480	1283	1459	1569	1796	1589	1833	1979	2184	1864	2088	2188	2420	2066	2320	2479	2750
法国	632	658	691	722	682	633	648	688	700	738	728	699	681	667	655	680	694	692	702	724
德国	791	831	883	922	870	816	838	892	914	967	958	917	898	882	868	899	918	922	943	977
印度	275	299	318	347	374	391	395	434	452	471	459	436	456	438	450	462	477	475	454	461
印度尼西亚	122	140	153	168	177	186	193	200	210	224	232	227	231	231	228	228	235	238	227	215
意大利	511	532	563	585	547	508	519	553	558	590	580	551	533	519	503	519	527	523	533	548
日本	1250	1214	1255	1319	1323	1311	1420	1459	1432	1425	1530	1538	1516	1486	1504	1454	1291	1213	1217	1198
韩国	196	222	237	252	267	271	270	286	292	304	309	298	303	298	304	319	324	317	325	341
墨西哥	824	887	918	956	1005	1049	1047	1104	1159	1218	1194	1120	1181	1151	1192	1223	1258	1270	1255	1263
俄罗斯	287	315	340	371	395	399	406	435	479	525	519	505	538	536	525	551	570	555	544	558
南非	247	291	324	345	352	365	378	411	420	441	426	385	408	399	397	385	384	372	360	359
土耳其	136	148	163	170	172	175	183	202	197	204	191	185	193	195	198	204	211	211	201	202
英国	543	586	624	626	605	587	612	628	652	659	655	645	649	655	670	683	665	664	680	713
美国	3596	3585	3596	3642	3670	3722	3764	3808	3810	3865	3897	3946	3994	4031	4057	4074	4119	4135	4187	4250

数据来源：EIU Countrydata 国家数据库。

附表4　二十国集团成员方季度名义国内生产总值（2014—2016年）

单位：十亿美元

年份 季度	2014 I	2014 II	2014 III	2014 IV	2015 I	2015 II	2015 III	2015 IV	2016 I	2016 II	2016 III	2016 IV
阿根廷	541	557	568	598	604	623	662	638	503	548	540	553
澳大利亚	359	372	369	344	318	315	296	295	298	312	318	322
巴西	594	633	628	566	514	479	416	386	387	441	510	510
加拿大	440	451	456	439	397	403	380	373	363	387	391	381
中国	2298	2541	2690	2952	2444	2739	2804	3009	2457	2753	2839	3270
法国	731	732	710	672	612	599	607	602	612	626	620	618
德国	993	999	971	927	843	835	845	840	853	881	878	863
印度	473	505	513	509	514	517	511	520	524	541	536	545
印尼	216	224	227	223	218	218	211	216	222	231	273	259
意大利	555	554	536	508	460	452	457	453	460	471	468	465
日本	1186	1194	1163	1066	1046	1026	1026	1029	1093	1171	1238	1225
韩国	346	359	363	345	350	354	336	340	334	350	360	387
墨西哥	1271	1322	1327	1274	1186	1178	1114	1104	1042	1053	1047	1060
俄罗斯	536	559	541	420	321	381	323	308	274	316	317	330
南非	343	358	357	349	334	331	310	290	266	286	313	314
土耳其	195	203	203	198	189	181	173	176	177	180	179	189
英国	739	766	767	730	701	719	725	714	682	693	613	559
美国	4256	4321	4392	4423	4446	4500	4536	4556	4570	4613	4673	4712

数据来源：EIU Countrydata 国家数据库。

参 考 文 献

［1］［加拿大］彼得·哈吉纳尔. 八国集团体系与二十国集团：演进、角色与文献［M］. 朱杰进，译. 上海：上海人民出版社，2010.

［2］［加拿大］约翰·J. 柯顿. 二十国集团与全球治理［M］. 郭树勇，徐谙律，等译. 上海：上海人民出版社，2015.

［3］［美］弗雷德里克·皮尔逊，西蒙·巴亚斯里安. 国际政治经济学：全球体系中的冲突与合作［M］. 杨毅，等译. 北京：北京大学出版社，2006.

［4］［美］罗伯特·基欧汉. 霸权之后：世界政治经济中的合作与纷争［M］. 苏长和，等译. 上海：上海人民出版社，2001.

［5］［美］詹姆斯·M. 布坎南. 自由、市场与国家：80 年代的政治经济学［M］. 平新乔，莫扶民，译. 上海：上海三联书店，1989.

［6］陈昆亭，周炎，龚六堂. 中国经济周期波动特征分析：滤波方法的应用［J］. 世界经济，2004（10）：47 – 56.

［7］陈全功，程蹊. 国际宏观经济政策协调与经济主权问题［J］. 武汉科技大学学报（社会科学版），2003（2）：54 – 56.

［8］陈素权. 二十国集团在全球治理结构中的角色分析［J］. 东南亚纵横，2010（10）：91 – 95.

［9］谌华侨. 国际机制有效性透析［J］. 国际关系学院学报，2010（4）：23 – 28.

［10］丁志帆，孙根紧. 经济波动福利成本研究述评与展望［J］. 经济评

论, 2012 (6): 142-148.

[11] 二十国集团发展议程. 后危机时代的增长与发展 [M]. 北京: 中国金融出版社, 2011.

[12] 樊勇明. 西方国际政治经济学 [M]. 上海: 上海人民出版社, 2016.

[13] 方晋. G20 机制化建设与议题建设 [J]. 国际展望, 2010 (3): 19-26.

[14] 高鸿业. 西方经济学下册: 宏观部分 [M]. 北京: 中国经济出版社, 1996.

[15] 高铁梅. 计量经济分析方法与建模: Eviews 应用与实例 [M]. 北京: 清华大学出版社, 2006.

[16] 何帆, 邹静娴. 国际宏观经济政策的协调 [J]. 中国金融, 2016 (20): 37-39.

[17] 洪邮生, 方晴. 全球经济治理力量重心的转移: G20 与大国的战略 [J]. 现代国际关系, 2012 (3): 38-46.

[18] 黄范章. 宏观经济政策国际合作: 经济全球化所需要的新机制 [J]. 经济学家, 2012 (5): 5-11.

[19] 黄梅波, 陈燕鸿. 当前金融危机下的国际宏观经济政策协调 [J]. 世界经济与政治论坛, 2009 (2): 15-21.

[20] 黄梅波, 胡建梅. 国际宏观经济政策协调与 G20 机制化 [J]. 世界经济, 2011, 1 (13): 52-56.

[21] 黄梅波, 胡建梅. 中国参与国际宏观经济政策协调的收益分析 [J]. 经济经纬, 2010 (6): 41-45.

[22] 黄梅波, 吕朝凤. G20 经济波动的同周期性研究 [J]. 国际贸易问题, 2011 (3): 17-27.

[23] 金中夏等. 中国与G20: 全球经济治理的高端博弈 [M]. 北京: 中国经济出版社, 2014.

［24］刘霞．宏观经济政策的国际协调问题研究：基于 2007—2010 年金融危机治理的经验研究［J］．金融视线，2013（10）：122 – 124.

［25］李蕊．非传统货币政策的溢出效应和国际协调［J］．国际观察，2014（2）：135 – 146.

［26］李蕊．货币政策的以邻为壑效应与国际协调研究：以量化宽松政策为例［M］．上海：上海人民出版社，2015.

［27］李少军．国际关系学研究方法［M］．北京：中国社会科学出版社，2008.

［28］刘丹，阿燃燃．G20 参与下的国际宏观经济政策协调研究［J］．经济问题探索，2015（5）：112 – 116.

［29］刘宏松．新兴大国对 G20 议程的影响［J］．国际展望，2014（2）：109 – 122.

［30］倪世雄等．当代西方国际关系理论［M］．上海：复旦大学出版社，2001.

［31］潘忠岐．制度与合作：新自由制度主义对新现实主义的批判与发展［J］．世界经济与政治，2004（7）：36 – 37.

［32］饶晓辉，廖进球．递归偏好、经济波动与增长的福利成本：基于中国的实证分析［J］．经济科学，2008（4）：17 – 27.

［33］宋玉华，吴聃．关税升级与垄断竞争产业发展：基于空间经济学的分析［J］．世界经济，2006（7）：15 – 27.

［34］苏长和．全球公共问题与国际合作：一种制度的分析［M］．上海：上海人民出版社，2009.

［35］孙瑾，郑雅洁．后危机时代中国与欧美财政政策协调研究［J］．经济理论与经济管理，2014（7）：88 – 100.

［36］孙国锋．后危机时代的全球货币政策新框架［J］．国际金融研究，2017（12）：47 – 52.

［37］汤铎铎．新开放经济宏观经济学：理论和问题［J］．世界经济，

2009（9）：37 – 55.

［38］王东 . G8 与 G20 谁更有活力？［J］. 中国经济和信息化，2010（13）：74.

［39］王帆 . 不对称相互依存与合作型施压：美国对华战略的策略调整［J］. 世界经济与政治，2010（12）：31 – 53.

［40］王杰 . 国际机制论［M］. 北京：新华出版社，2002.

［41］王逸舟 . 国际政治理论与战略前沿问题［M］. 北京：社会科学文献出版社，2007.

［42］韦宗友 . 非正式集团、大国协调与全球治理［J］. 外交评论，2010（6）：105 – 116.

［43］吴瑛 . 中国话语的议程设置效果研究：以中国外交部新闻发言人为例［J］. 世界经济与政治，2011（2）：16 – 39.

［44］吴振宇，兰宗敏，吴琛琛 . 美国在金融危机期间的国际宏观经济政策协调及启示［J］. 经济纵横，2017（3）：112 – 117.

［45］吴正 . 非同步经济周期视角下的宏观经济政策国际协调研究［D］. 上海：上海外国语大学，2018.

［46］吴正，杨力 . 中美宏观经济政策协调的福利收益分析［J］. 上海经济研究，2018（6）：103 – 115.

［47］杨力 . 二十国集团发展报告（2012）［M］. 上海：上海人民出版社，2013.

［48］杨力 . 国际货币经济［M］. 上海：上海外语教育出版社，2008.

［49］杨力，李蕊 . 刍议后危机时代宏观政策的国际协调［J］. 国际观察，2011（1）：71 – 76.

［50］杨力，张耿 . 世界范围的经济波动福利损失分析［J］. 世界经济研究，2011（2）：3 – 7.

［51］杨照东，王劲松 . 国际宏观经济政策协调理论研究综述［J］.

经济学动态，2004（2）：72 - 76.

[52] 殷德生. 权力、相互依赖与国际货币合作——基于国际货币体系史的考察 [J]. 世界经济与政治，2011（8）：30 - 46.

[53] 尹继志. 开放经济条件下的货币政策国际协调 [J]. 上海金融，2008（12）：36 - 41.

[54] 尹继志. 经济全球化与金融危机背景下的货币政策国际协调 [J]. 云南财经大学学报，2012（2）：109 - 118.

[55] 喻国平. 东亚区域宏观经济政策协调与合作博弈的理论探讨 [J]. 经济问题探索，2009（12）：23 - 30.

[56] 虞伟荣，胡海鸥. 国际货币政策协调低效的经济学分析 [J]. 世界经济与政治论坛，2005（1）：62 - 65.

[57] 喻旭兰. 经济周期同步性与东亚金融合作的可行性研究 [J]. 经济研究，2007（10）：82 - 94.

[58] 张耿，胡海鸥. 损失规避与经济波动的福利成本研究 [J]. 经济学（季刊）2007，6（4）：1239 - 1254.

[59] 张耿，杨力. 货币政策的边界：经济波动福利成本 [J]. 上海金融，2010（2）：34 - 38.

[60] 张耿. G20 宏观经济政策协调的波动性基础 [J]. 国际观察，2013（3）：27 - 34.

[61] 张耿. 中国经济波动的福利成本与卢卡斯论断再检验 [J]. 经济与管理研究，2016，37（3）：3 - 11.

[62] 张晓波，田野. 国际自主性、中央银行独立性与国际货币合作：德国国际货币政策选择的政治逻辑 [J]. 世界经济与政治，2012（1）：93 - 111.

[63] 张昱，田兴. 深化中国—东盟区域金融合作的可行性条件：经济周期同步性研究 [J]. 经济与管理研究，2012（1）：69 - 76.

[64] 赵长峰. 论国际政治中权力与合作的关系 [J]. 高校社科信息，

2005 (6): 23 - 29.

[65] 赵隆. 议题设定与全球治理: 危机中的价值观碰撞 [J]. 国际论坛, 2011 (4): 21 - 26.

[66] 朱杰进. 非正式性与 G20 机制未来发展 [J]. 现代国际关系, 2011 (3): 41 - 46.

[67] 邹新月等. 中国货币政策与汇率政策冲突的成因及对策: 基于国际协调的视角 [J]. 上海金融, 2012 (4): 50 - 57.

[68] Burns A F and Mitchell W C. *Measuring Business Cycles* [M]. New York: National Bureau of Economic Research, 1946.

[69] Aguiar - Conraria L and Joana Soares M. Business cycle synchronization and the Euro: a wavelet analysis [J]. *Journal of Macroeconomics*, 2011, 33 (3): 477 - 489.

[70] Alexandra Ferreira Lopes and Álvaro M Pina. Business Cycles, Core, and Periphery in Monetary Unions: Comparing Europe and North America Daniel Gros [J]. *Open Economics Review*, 2008 (22): 565 - 592.

[71] Alexandroff, Alan S and Kirton, Jon J. *The 'Great Recession' and the Emergence of the G20 Leaders' Summit In Rising States* [M]. Rising Institutions: Challenges for Global Governance. eds Alexandroff, Alan S, and Cooper, Andrew F. Washington DC: Brookings Institution Press, 2010.

[72] Andrew Moravcsik. Theory mad Method in the Study of International Negotiation: A Rejoinder to Oran Young [J]. *International Organization*, 1999, 53 (4): 811 - 814.

[73] Artis, Michael and Ostry, Sylvia. *International Economic Policy Coordination* [M]. London: Royal Institute of International Affairs; New York: Rout - ledge & K. Paul, 1986.

[74] Benigno P. A Simple Approach to International Monetary Policy Coordination [J]. *Journal of International Economics*, 2002, 57 (01): 177 - 196.

［75］ Brown, Gordon. *Beyond the Crash: Overcoming the First Crisis of Glo-balization* ［M］. New York: Free Press, 2010.

［76］ Buiter W, R Marston. *International Economic Policy Coordination* ［M］. London: Cambridge University Press, 1985.

［77］ Eichengreen B. International Policy Coordination: The Long View ［J］. *NBER Working Paper*, 2011: 1 – 30.

［78］ G20. *Communique of Finance Ministers and Central Bank Governors – Berlin* ［R］. Germany, 1999, December 15 – 16.

［79］ G20. *The G20 Toronto Summit Declaration* ［R/OL］. Toronto. 2010, June 27. www. g20. utoronto. ca/2010/to – communique. html. Accessed: December 2017.

［80］ G20. *G20 Leaders Declaration* ［R/OL］. Los Cabos, June 19. www. g20. utoronto. ca/2012/2012 – 0619 – loscabos. html.

［81］ G20. *G20 Leaders Declaration* ［EB/OL］. St Petersburg, 2013, September 6. http: //www. g20. utoronto. ca/2013/2013 –0906 – declaration. html.

［82］ Hamada K. A Strategic Analysis of Monetary Interdependence ［J］. *Journal of Political Economy*, 1976, 84 (4): 677 – 700.

［83］ Helleiner, Eric and Pagliari, Stefano. Towards a New Bretton Woods? The First G20 Summit and the Regulation of Global Finance ［J］. *New Political Economy*, 2009, 14 (2): 275 – 287.

［84］ Kirton, John. Contemporary Concert Diplomacy: The Seven – Power Summit and the Management of International Order ［J］. *Paper prepared for the annual meeting of the International Studies Association and the British International-al Studies Associations*, London, 1989, March 29 – April 1.

［85］ Kirton, John J, Larionova, Marina, and Savona, Paolo, eds. *Making Global Economic Governance Effective: Hard and Soft Law Institutions in a Crowd-ed World* ［M］. Farnham: Ashgate, 2010.

［86］ Layton, Duane and Smith, Tiffany. *Ditching Doha?* ［J］. *International Economy*, 2009, 23 （2）: 21 – 23.

［87］ Lukov, Vadim. G20 and G8 in Search of Solutions: Global Problems of Economy and Society ［J］. *International Affairs*, 2010, 56 （5）: 156 – 167.

［88］ Payne, Anthony. How Many Gs Are There in 'Global Governance' after the Crisis? The Perspectives of the 'Marginal Majority' of the World's States ［J］. *International Affairs*, 2010, 86 （3）: 729 – 740.

［89］ Robert O Keohane. International Institutions: Two Approaches ［J］. *International Studies Quarterly*, 1988, 32 （4）: 279 – 307.

［90］ Reuters. *Canada PM Harper's Letter to G20 on Deficits* ［EB/OL］. 2010, June 18. www. reuters. com/article/2010/06/18/g20 – canada – deficits – idUSN1817964220100618. Accessed: December 2017.

［91］ Ruggie, John G. *International Regimes, Transactions, and Change: Embedded Liberalism in the postwar Economic Order* ［M］//Stephen Krasner. *International Regimes*. Ithaca: Cornell University Press, 1983.

［92］ Stephen Krasner. *International Regimes* ［M］. Ithaca: Cornell University Press, 1983.

［93］ Welch, David. *Painful Choices: A Theory of Foreign Policy Change* ［M］. Princeton: Princeton University Press, 2005.

［94］ Wolf, Martin. *Fixing Global Finance* ［M］. Baltimore: Johns Hopkins University Press, 2008.

后　记

本书既是我攻读博士研究生阶段的重要成果，也是对这一学术阶段的一个最好的总结。攻读博士研究生的这段经历有困惑、有艰辛、有成长，更有收获，也是我一生中最为珍惜和难忘的时光。在这本书的写作过程中遇到过困难和瓶颈，但是导师、师长、朋友和家人的支持与鼓励是我能够最终顺利完成这部专著的动力。

本书主要源于我的恩师杨力教授的国家社科基金项目。杨老师在我来到上海攻读研究生以来一直是我的导师，他在生活和学术上给予我很多的关心和帮助。还记得在硕士毕业的时候我选择考博，杨老师找到我，了解我的意愿，并且关心我在读博士阶段的经济状况。在如愿考取他的博士研究生之后，他第一时间就提醒我要结合自己的兴趣和未来的发展尽早确立研究方向。在读博期间，在杨老师的帮助和提携下我几乎参加了他的所有科研课题，并从中学到了很多治学的方法和经验。在写作过程中，杨老师在非常繁忙的工作之余还时常关心我的进展情况，并且针对写作过程中的问题专门为我选择了辅导老师。在我毕业到参加工作的这段日子里，杨老师也给予了我莫大的支持和帮助。对于授业恩师，无以为报，望以此著作表达谢意。

自 2011 年考入上海外国语大学，我先后受到了国际金融贸易学院和国际关系与公共事务学院老师们的帮助。上海外国语大学科研处张耿教授对本书的写作倾注了大量心血，从选题、文章结构的设定、模型的建立到研究方法的使用都给予了我极大的帮助。因为书中量化分析和实证研究方

— 163 —

面的问题没少打扰张老师，张老师总是非常耐心地给我解答。张老师的无私奉献和精湛的学术水平让我印象深刻并受益匪浅。国际金融贸易学院的张瑾教授对我博士阶段的学术锻炼帮助很大。她给我留下亲切和蔼的深刻印象，在她的帮助下我参与并且完成了两个科研项目。国际关系与公共事务学院的刘宏松教授给本书的理论部分提出了非常关键和及时的修改建议。

2018 年博士毕业后，我顺利地进入上海立信会计金融学院"一带一路"研究院和立信研究院工作。本书同时也是我开始学术工作的起点，并且为之后的学术研究奠定了基础和方向。本书的出版得益于上海立信会计金融学院的"序伦财经文库"项目的支持。在出版过程中，得到了上海立信会计金融学院科研处老师和经济科学出版社编辑的指点与帮助。

本书作为我的博士研究生阶段的重要成果，其能够顺利完成自然也离不开我的父母和家人们的巨大支持。他们默默奉献，毫无保留地支持我一直到取得博士学位，并且如愿走上学术之路。

谨以此书献给我最爱的家人们和最想念的母亲！

崔琪涌
2020 年 1 月于上海